中国古代文人

陈娇 编著

中国商业出版社

图书在版编目（CIP）数据

中国古代文人 / 陈娇编著. -- 北京：中国商业出版社，2015.5

ISBN 978-7-5044-8507-6

Ⅰ.①中… Ⅱ.①陈… Ⅲ.①文人-人物研究-中国-古代 Ⅳ.①K825.4

中国版本图书馆 CIP 数据核字（2015）第 117149 号

责任编辑：王彦

中国商业出版社出版发行
010-63180647　www.c-cbook.com
(100053 北京广安门内报国寺 1 号)
新华书店总店北京发行所经销
北京飞达印刷有限责任公司

*

710×1000 毫米　16 开　12.5 印张　200 千字
2015 年 8 月第 1 版　2015 年 8 月第 1 次印刷
定价：25.00 元

* * *

（如有印装质量问题可更换）

《中国传统民俗文化》编委

主　编	傅璇琮	著名学者，原国务院古籍整理出版规划小组秘书长，清华大学古典文献研究中心主任教授，原中华书局总编辑
顾　问	蔡尚思	著名历史学家，中国思想史研究专家
	卢燕新	南开大学文学院副教授
	王永波	四川省社会科学院文学研究所副研究员
	叶　舟	中国思维科学研究院院长，清华大学、北京大学特聘教授
	于春芳	北京第二外国语学院教授
	杨玲玲	西班牙文化大学文化与教育学博士
编　委	陈鑫海	首都师范大学中文系博士
	李　敏	北京语言大学古汉语古代文学博士
	赵　芳	出版社高级编辑，曾编辑出版过多部文化类图书
	韩　霞	山东教育基金会理事，作家
	陈　娇	山东大学哲学系讲师
	吴军辉	河北大学历史系讲师
	石雨祺	出版社高级编辑，曾编辑出版过多部历史类图书
	王　欣	全国特级教师
策划及副主编	王　俊	

序 言

  中国是举世闻名的文明古国,在漫长的历史发展过程中,勤劳智慧的中国人,创造了丰富多彩、绚丽多姿的文化,可以说人创造了文化,文化创造了人,这些经过锤炼和沉淀的古代传统文化,凝聚着华夏各族人民的性格、精神、智慧,是中华民族相互认同的标志和纽带。在人类文化的百花园中摇曳生姿,展现着自己独特的风采,对人类文化的多样性发展做出了巨大贡献。中国传统民俗文化内容广博,风格独特,深深地吸引着世界人民的眼光。

  正因如此,我们必须深入学习贯彻十八届三中全会精神,按照中央的规定,加强文化建设。2006年5月,时任浙江省委书记的习近平同志就已提出:"文化通过传承为社会进步发挥基础作用,文化会促进或制约经济乃至整个社会的发展。"又说:"文化的力量最终可以转化为物质的力量,文化的软实力最终可以转化为经济的硬实力"(《浙江文化研究工程成果文库总序》)。今年他去山东考察时,又再次强调:中华民族伟大复兴,需要以中华文化发展繁荣为条件。

  学习习近平同志的重要讲话,确可体会到,在政治、经济、军事、社会和自然要素之中,文化是协调各个要素协同发展、相关耦合的关健。正因为此,我们应该对华夏民族文化进行广阔、全面的检视。我们应该唤醒我们民族的集体记忆,复兴我们民族的伟大精神,发展和繁荣中华民族的优秀文化,为我们民族在强国之路上阔步前行创设先决条件。

实现民族文化的复兴,更必须传承中华文化的优秀传统。现代中国人,特别是年轻人,对传统文化十分感兴趣,蕴含感情。但当下也有人对具体典籍、历史事实不甚了解,比如说,中国是书法大国,谈起书法,有些人或许只知道些书法大家如王羲之、柳公权等等的名字,知道《兰亭集序》是千古书法珍品,仅此而已。再比如说,我们都知道中国是闻名于世的瓷器大国,中国的瓷器令西方人叹为观止,中国也因此而获得了"瓷器之国"(英语 china 的另一义即为瓷器)的美誉。然而关于瓷器的由来、形制的演变、纹饰的演化、烧制等等瓷器文化的内涵,就知之甚少了。中国还是武术大国,然而国人的武术知识,或许更多地来源于一部部精彩的武侠影视作品,对于真正的武术文化,我们也难以窥其堂奥了。我们还是崇尚玉文化的国度,我们的祖先,发现了这种"温润而有光泽的美石",并赋予了这种冰冷的自然物以鲜活的生命力和文化性格,例如"君子当温润如玉"、女子应"冰清玉洁"、"守身如玉";"玉有五德",即"仁"、"义"、"智"、"勇"、"洁",等等。今天,熟悉这些玉文化的内涵的国人,也为数不多了。

也许正有鉴于此,有忧于此,近年来,已有不少有志之士,开始了复兴中国传统文化的努力,读经热开始风靡海峡两岸,不少孩童乃至成人,开始重拾经典,在故纸旧书中品味古人的智慧,发现古文化历久弥新的魅力。电视讲坛里一波又一波对古文化的讲述,也吸引着数以万计的人们,重新审视古文化的价值。现在放在读者眼前的这套"中国传统民俗文化丛书",也是这一努力的又一体现。我们现在确应注重研究成果的学术价值和应用价值,充分发挥其认识世界、传承文化、创新理论、咨政育人的重要作用。

中国的传统文化内容博大,体系庞杂,该如何下手,如何呈现?这套丛书处理得可谓系统性强,别具心思。编者分别按物质文化、制度文化、精神文化等方面来分门别类地进行组织编写,例如在物质文化的层面,就有中国古代纺织、中国古代酒具、中国古代农具、中国古代青铜器、中国古代钱币、中国古代石刻、中国古代木雕、中国古代建筑、中国古代砖瓦、中国古代玉器、中国古代陶器、中国古代漆器、中国古代桥梁等等。

在精神文化的层面,就有中国古代书法、中国古代绘画、中国古代音乐、中国古代艺术、中国古代篆刻、中国古代家训、中国古代戏曲、中国古代版画等等;在制度文化的层面,就有中国古代科举、中国古代官制、中国古代教育、中国古代军队、中国古代法律等等。

此外,在历史的发展长河中,中国各行各业还涌现出一大批杰出的人物,至今闪耀着夺目的光辉,启迪后人,示范来者,对此,这套丛书也给予了应有的重视,中国古代名将、中国古代名相、中国古代名帝、中国古代文人、中国古代高僧等等,就是这方面的体现。

生活在21世纪的我们,或许对古人的生活颇感好奇,他们的吃穿住用如何?他们如何过节?如何安排婚丧嫁娶?如何交通?孩子如何玩耍?等等。这些饶有兴趣的内容,这套中国传统民俗文化丛书,都有所涉猎,例如中国古代婚姻、中国古代丧葬、中国古代节日、中国古代风俗、中国古代礼仪、中国古代饮食、中国古代交通、中国古代家具、中国古代玩具、中国古代鞋帽等等,这些书籍介绍的,都是人们深感兴趣,平时却无从知晓的内容。

在经济生活的层面,这套丛书安排了中国古代农业、中国古代纺织、中国古代经济、中国古代贸易、中国古代水利、中国古代车马、中国古代赋税等等内容,足以勾勒出古人经济生活的主要内容,让今人得以窥见自己祖先曾经的经济生活情状。

在物质遗存方面,这套丛书则选择了中国古镇、中国古楼、中国古寺、中国古陵墓、中国古塔、中国古战场、中国古村落、中国古街、中国古代宫殿、中国古代城墙、中国古关等内容。相信读罢这些书,喜欢中国古代物质遗存的读者,已经能大致掌握这一领域的大多数知识了。

除了上述内容外,其实还有很多难以归类却饶有兴趣的内容,例如中国古代的乞丐这样的社会史内容,也许有助于我们深入了解这些古代社会底层民众的真实生活情状,走出武侠小说家们加诸他们身上的虚幻不实的丐帮色彩,还原他们的本来面目,加深我们对历史真实的了解。继承和发扬中华民族几千年创造的的优秀文化和民族精神是我们责无旁贷的历史责任。

不难看出,单就内容所涵盖的范围广度来说,有物质遗产,有非物质遗产,还有国粹。这套丛书无疑当得起"中国传统文化的百科全书"的美誉了。这套书还邀约了大批相关的专家、教授参与并指导了稿件的编写工作。应当指出的是,这套书在写作中,既钩稽、爬梳大量古代文化文献典籍,又参照近人与今人的研究成果,将宏观把握与微观考察相结合。在论述、阐释中,既注意重点突出,又着重于论证层次清晰,从多角度、多层面对文化现象与发展加以考察。这套丛书的出版,有助于我们走进古人的世界,了解他们的美好生活,去回望我们来时的路。学史使人明智。历史的回眸,有助于我们汲取古人的智慧,借历史的明灯,照亮未来的路,为我们中华民族的伟大崛起添砖加瓦。

是为序。

2014年2月8日

前 言

中华民族具有悠久的历史，丰富灿烂的文化。这历史与文化的交融，显示了中华民族不仅古老而且文明。古老文明的中华民族以其特有的姿态和精神风貌屹立在世界的东方。

如果把漫长的文学史比喻成一条流淌的长河，文人就像那散布在河流中的点点油星，汇集成一片片的，闪耀出光彩，便形成了一个个流派。确切地说，文人与文学流派是指文学发展过程中，一定历史时期内出现的一批作家，由于审美观点一致和创作风格类似，自觉或不自觉地形成的文学集团和派别。

我国丰富灿烂的民族文化，是由千百年来多民族的中华儿女创造的，它不是一个时期或几个时期、一个人或几个少数人创造的。它是由历史的人民共同劳动的产物，人民在创造历史的同时也创造了文化。在民族文化创造大军中不仅有帝王将相，还有才子佳人；不仅有侠客、僧人，还有太监、才女；不仅有博大深邃的哲人，还有才华横溢的文人；可以说社会中的每一个人、每一阶层、每一类人都是文化创造的功臣。人民不仅是历史的创造者，也是文化的创造者。其中文人的出现，无疑使我们的文化更加丰富多彩。如果说社会是一块素绢，"文人"就是上面的花纹，它使人类社会摆脱野蛮状态而凸显人的意义。

综观文人的历史，可谓大浪淘沙，清者自清，浊者自浊。既有顶天立地的大丈夫，也充斥了口蜜腹剑的真小人；既有经世致用的国家栋梁，也充斥了空谈心性的社会蛀虫；既有仁人志士的高风亮节，又多掮客讼棍的穷酸恶俗；既有李白的狂放、杜甫的真诚，又有张居正的机变、海青天的愚忠。志士风骨与奴才嘴脸，独立意愿与权力心结，天下情怀与小圈子意识，大地山河与风花雪月，道德文章与书画琴棋……鱼珠并陈，风尘缭乱。"仁以为己任"的天下书生们徘徊于进退之间，彷徨于公私之际，既挺起了民族的坚强脊梁，也造就了传统最腐臭的渊薮。

本书通过对中国古代历朝文人创作、生活或传奇故事的介绍，旨在为广大读者呈现一个生动、有趣的中国古代文人形象，但由于才疏学浅，书中尚有不足之处，望广大读者不吝赐教。

目录

第一章　中国古代文人概况

第一节　走近中国古代文人 …… 2
中国最早的文人 …… 2
文人集团与文学风貌 …… 4
文人与文学流派 …… 7

第二节　古代文人的前途命运 …… 10
文人的游说入仕之路 …… 10
文人的归隐之路 …… 13
科举对古代文人的影响 …… 17

第二章　先秦时期的文人

第一节　春秋时代文人 …… 22
老子的传奇人生 …… 22
陈亢与孔鲤的故事 …… 24
春秋时代文人 …… 25
孔子设计劝学 …… 27
墨子制止战争 …… 31
礼贤下士与文人命运 …… 33

第二节　战国时期的文人 ·················· 36
　　列子的故事 ························· 36
　　孟母三迁为择邻 ····················· 38
　　浪漫的爱国诗人——屈原 ············· 39
　　不受世俗牵累的庄子 ················· 42
　　法家学说的代表——韩非 ············· 44
　　苏秦刺骨 ··························· 46

第三章　秦汉魏晋时期的文人

第一节　秦汉时期的文人 ·················· 48
　　霸王别姬与大风歌 ··················· 48
　　只为帝王写文章的司马相如 ··········· 50
　　疑古问孔的王充 ····················· 54
　　司马迁忍辱著《史记》 ··············· 55
　　女史学家班昭 ······················· 56
　　妙识音律的蔡邕 ····················· 58
　　"临池"的由来 ····················· 59

第二节　三国两晋南北朝时期的文人 ········ 60
　　书圣——王羲之 ····················· 60
　　魏晋文人——王献之 ················· 62
　　智慧仁爱的孔融 ····················· 65
　　田园诗人的代表——陶渊明 ··········· 67
　　"画绝、文绝和痴绝"——顾恺之 ····· 69
　　咏絮才的谢道韫 ····················· 72
　　三都一成，洛阳纸贵 ················· 73
　　寄情山水诗的谢灵运 ················· 74

第四章　唐宋时期的文人

第一节　唐朝的文人风采 ································ 78
　　陈子昂摔琴为文章 ································ 78
　　滕王阁王勃才惊四座 ······························ 81
　　王维即席吟《息夫人》 ···························· 84
　　李白妙词惊贵妃 ·································· 87
　　曾是公子哥的杜甫 ································ 89
　　长安居大不易 ···································· 94
　　前度刘郎今又来 ·································· 95
　　韩愈反对迎佛骨 ·································· 97
　　大起大落的柳宗元 ································ 99
　　画眉深浅入时无 ·································· 102
　　英才天妒的鬼才——李贺 ·························· 103

第二节　两宋时期的文人 ································ 105
　　千古词帝李煜 ···································· 105
　　先天下之忧而忧 ·································· 108
　　苏轼宴席斥群丑 ·································· 111
　　才胜夫婿的李清照 ································ 114
　　风流总被雨打风吹去——辛弃疾 ···················· 117
　　不畏先生嗔，却怕后生笑 ·························· 118
　　苏洵焚稿与王安石改字 ···························· 119
　　留取丹心照汗青——文天祥 ························ 121
　　钗头凤沈园留遗恨 ································ 122

第五章　元明清时期的文人

第一节　金、元时期的文人 ···························· 126
　　"元人冠冕"——赵孟頫 ···························· 126

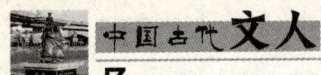

  倜傥不羁的关汉卿 …… 129
  终身不仕的白朴 …… 131
  雁邱问情伤乱世 …… 132
  耶律楚材：铁骑上的读书人 …… 134
  苦闷中发现豪放心声——马致远 …… 136

 第二节 明朝文人 …… 139
  陶宗仪积叶成书 …… 139
  蒲松龄酒席巧对对联 …… 140
  要留清白在人间——于谦 …… 142
  解缙与《凉州词》 …… 145
  春日风雨悲亡国 …… 147
  "风流才子"唐伯虎 …… 148

 第三节 清朝的文人 …… 152
  难得糊涂的郑板桥 …… 152
  纪昀的智慧 …… 153
  李调元嬉笑怒骂成文章 …… 156
  王国维治学三境界 …… 159
  曹雪芹的钟情 …… 160

第六章 古代文人的生活百态

 第一节 古代文人的生活 …… 164
  文人的旷达与风流 …… 164
  顺时适天，各有其乐 …… 167
  文人以酒解忧消愁 …… 169

 第二节 古代文人的情感世界 …… 174
  妖姿艳丽，蓊若春华 …… 174
  名士名妓两相将 …… 177

参考书目 …… 184

第一章

中国古代文人概况

文人，一般指读书而又能做文章的人。而我们所说的文人，是指更高档次的有审美追求的，从事文学、艺术创作的作家们。中国文学艺术作品浩如烟海、内容丰富、形式多样、风格各异、流派纷呈。这都是由历代文人作家创造的结晶，是审美追求的体现、社会生活的形象再现，是人类历史发展的艺术的实录。下面就让我们一起走进中国古代文人的世界。

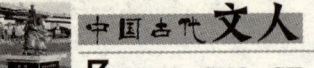

第一节
走近中国古代文人

中国最早的文人

在西周末期以前，中国文人并不存在，存在的是掌握文化知识的官员，简称为文官。这些文官是夏、商、西周王朝官府中官员的一部分。按孟子所讲是"仕者世禄"，因而他们的文化知识属于王朝官府并为王朝官府所用。从最早的成文资料甲骨文中，能看到文官的许多称谓，诸如"巫"、"卜"、"多卜"、"贞人"、"乍册"、"史"、以及"大史"、"小史"、"东史"、"西史"等，这些都是官名。甲骨文中的"巫"字，是两个"工"字以直角交叉重叠，《说文解字》释"工"与"矩"相通，"巫"即是操"矩"测天地的人。既然能操"矩"测天地，也就具有一定的技能和解释天地鬼神的知识。至于"卜"、"祝"、"贞人"等都与天地鬼神相联系，与"巫"同类。与"巫"的职能同等重要的还有"史"，"史"字是手中执一"中"，"中"为笔，表示记载。

由此可见西周末期以前王朝官府中文官所具有的两个特性。首先，"巫"、"史"与天地鬼神具有同构性，也就是说没有鬼神也就不会有"巫"、"史"。在迄今挖掘出的许多考古遗址中，敬鬼神事比比皆是。《礼记·表记》说："殷人尊神，率民以侍神，先鬼而后礼。"在整个殷商时代，王朝官府都相应地存在着一大群"巫"、"史"文官。这些文官与鬼神相通，是鬼神在人间的代言人，因而也就掌握着文化知识。在那个生产力极为低下的年代，有了知识就有了权利，所以"巫"、"史"就有了第二个同构性，与官的同构性。如夏朝的官名太史（掌管记事），羲和（掌管历法），瞽（掌管祭祀）等。再到商，文官大体分为两类，一为"巫"，二为"史"。掌管着记事、占卜、祭祀、辞告鬼神的事务。西周的文官大体也与夏、商相同。因而，西周末期以前文官具有的这两个特性，决定了他们只是王朝官府中的官员。他们手中的技能和知识是官员的职能，他们终身被王

第一章 中国古代文人概况

朝官府所豢养,不可能成为一个独立的文人群体。

自夏、商直到西周末期,这批被王朝官府豢养的文官,终于走到了他们世袭世禄的终点,遇到了乱世。司马迁在《史记·周本纪》中对这乱世的起因,一口气历数"昭王之时,王道微缺",穆王在位,"王道衰微","懿王之时,王室遂衰"。到了周夷王时,四方诸侯有的来朝,夷王朝不敢坐受朝拜,要"下堂而见诸侯"。这种诸侯强大王室衰微的局面,成了天下大乱的主因。在夷王之后,出现个厉王,就是《国语》中记载的那个"防民之口甚于防川",能使"国人莫敢言,道路以目"的残暴厉王。厉王之后,虽有宣王中兴,但紧接着又来了一位为宠美人而戏诸侯的昏君幽王,天下大乱由此而起。

西周末期而起的天下大乱所造成的结果就是——以往较为稳定的社会秩序整个地坍塌了。这场大乱并没有因周平王东迁而告结束,直到孔子生活的年代,仍然是"天下无道""礼崩乐坏"。自夏、商、西周以来,一直是"仕者世禄"的文官,被天下大乱无情地抛出了做官的轨道。司马迁说:"幽、厉之后,周室微,陪臣执政,史不记时,君不告朔,故畴人子弟分散,或在诸侯,或在夷狄。"他自己的祖上就世代在周朝做史官,在天下大乱之中,"或在卫,或在赵,或在秦",流落四方了。

最早的玉巫形象

西周末期而起的天下大乱,今天我们怎样估计它的剧烈都不为过。不仅文官被抛出了王朝官府的门槛,连世袭的贵族也被抛进了平民阶层。《左传·昭公二十三年》记载,太史墨感叹地对赵简子说:"三后之姓,于今为庶。"《国语·周语下》也说:"天所崇之子孙,或在畎亩。"王室贵胄都成了种田人,可见当时社会的动荡是何等剧烈。

也就是在这剧烈的动荡中,中国文人诞生了。他们诞生在一个"天下无道"、"礼崩乐坏"的乱世,他们刚一诞生就发现自己成了"除脑袋中留有学识和智力之外"的一无所有者,用孟子的话来说就是"无恒产"的人。然而也就是这样的人,才是纯粹的文人。他们被抛出王朝官府流落到民间,也就从此与政治权利分离,从而第一次拥有了独立人格和独立思想,再也不依靠世袭世禄生存，他们有了行动的自由空间。而这些，"巫""史"全不具备。虽然中国文人诞生于乱世，但由于他们具有了独立人格和独立思想，同时乱世给了他们自由的空间，他们很快就形成一个文人群体，站在他们诞生之后的最初起点上。

文人集团与文学风貌

历代文人由于生活时代的不同，家庭出身的不同，生活经历的不同，遭遇程度的不同，决定了他们文学创作内容和风格的不同。

文人以他特有的天性，与劳苦大众为友，生活在社会的底层，体验着百姓的生活，诉说着百姓的痛苦，以此推动人类历史的前进。

文人以他特有的性格，选择独特的创作形式，与当朝统治者对立。无论是积极入世者，如孔子等；还是消极避世者，如庄子，他们始终是统治者的弃儿，终生不能得志。

文人就其整体而言，思想是进步的，生活是贫困的，地位是低下的，性格是清高的，感情是丰富的，遭遇是坎坷的，命运是悲惨的。

文人就其阶层而言，也有不同的处世方式：面对统治者，有的奴颜婢膝，有的铮铮铁骨，有的卖身投靠，有的视死如归，有的寻花问柳，有的洁身自好。文人的多样性决定他们了创作的多样化。

文人毕竟是人类社会的一个阶层，是民族文化的创造者。在中国古代，不同类型的文人集团，其活动领域是不尽相同的。一般地说，侍从文人集团和文人朋党主要活动于政治领域，学术派别主要活动于思想学术领域，文人社团和文学流派则主要是在文学领域一展风姿。但是，各种类型的文人集团有一种共同的活动方式，这就是文学活动。也许可以说，正是以文学活动为主要的活动方式这一点，最能体现文人集团区别于他种文化职能集团的特性。

正因为如此，文人集团与文学风貌，借助于集团意识、集团心理的中介，发生了密切的勾连。文人集团的文学活动，与一般文学家个人的文学活动的主要区别，就在于它是一种集团的活动，具有集团性或群体性。集团的倾向总是比个人的活动更能代表和说明某一时代的风气，文人集团与文学风貌的关系也是如此。文人集团所具有的集团意识和集团心理，往往在某一时代率先开启了一代文学风貌，影响了整整一代的文学创作和文学批评。

文人社团和文学流派的产生和活动，最能说明这一点了。例如，明初以林鸿为首的闽中十子社，首标"诗必盛唐"的宗旨和摹拟古诗的路数，开启了有明一代拟古复古的文学风气。至于以李梦阳、何景明为首的"前七子"

第一章　中国古代文人概况

建安七子塑像

和以李攀龙、王世贞为首的"后七子",更是拉帮结派,相互鼓吹,结成声势煊赫的复古派,统治文坛达百年之久。以方苞、刘大櫆、姚鼐为泰斗的桐城派,涉足于学术、诗歌、古文等领域,尤其以古文称雄一世,以至于清代康熙以后除了桐城古文以外,几乎就没有什么值得称道的古文流派了。文学流派几乎成为文学风貌的象征,明清时期的文学发展就说明了这一点。

其实,侍从文人集团、文人朋党和学术派别对文学风貌的制约和影响,并不亚于文人社团和文学流派。

例如,汉武帝金马门侍从与汉赋,建安七子与建安风骨,"上官体"与初唐诗风,"西昆体"与宋初诗风,等等,相互间都有着极为密切的关联。古语说:"城中好高髻,四方高一尺",宫廷的好尚往往影响到全社会。侍从文人集团的文学倾向鲜明地代表了某一时期的文学风气,并使这种文学风气弥散于社会之中,成为一种社会风气。

又如,历代的朋党之争,无不激发了某一历史时期文学的政治性和现实性,使写实精神和批判精神成为这一时期文学的突出特点。东汉末年的"党锢之祸"之于汉末文学,唐代后期的"牛李党争"之于晚唐文学,明代末年的东林党争之于明末清初文学,无不如此。党争使文人更为关注现实政治问题,如东林党人所说的"家事、国事、天下事,事事关心"。他们迫不及待地

要把自己的感受、认识和思考发为言说，以便造成强烈的社会影响。他们所能找到的最便捷的手段，莫过于文学创作了。因此，他们写诗、做文、创作戏曲、小说，无不融入了鲜明的现实精神和批判态度，把文学作为政治斗争的工具。这样一来，文学就有了强烈的实用精神和切实的实用功能。在文人朋党的鼓动下，这种文学的实用精神和实用功能成为了一代时风。

和文人朋党不同，学术派别对文学风貌的制约和影响，不是把文学导向现实政治，而是为文学提供精神食粮。学术派别往往鼓荡起一股学术思潮，这股思潮和当时的社会风习、社会心理互为表里，汇聚成一股文化潮流，有力地裹挟着包括文学在内的精神文化，形成一种时代风气。宋代理学的盛行对宋诗宋文的影响，明中后期王阳明心学以及泰州学派的风行对文学思潮、文学创作的影响，都是明显的例证。

值得特别提出的是集团文学所造成的从众现象，这是中国古代文学史上一种异常突出的文化现象。

社会心理学所说的从众现象，是指人们不自觉地以某种集团规范或多数人的意见为准则，作出社会判断，改变思想态度，在思想上和行为上追随众人。从众现象的特点是，人们对集团压力的服从性，和服从的盲目性以及服从的去个性。从众现象是由两方面的条件造成的：一是集团对个人的吸引力和号召力，二是个人对集团的信赖感和依赖感。

集团文学所造成的从众现象，可以分两个方面来看，即集团内部的从众现象和集团外部的从众现象。前者促进了集团规范的强化和集团的凝聚力，后者则促成一个时代的社会风气。

集团内部的从众现象是集团规范和集团意识的必然产物。集团规范要求集团内部的成员维护集团利益，遵守集团法则，服从集团约束。集团意识则要求集团成员为了共同的目标团结一致，互帮互助。二者共同作用，是导致集团内部的从众现象的主要原因。

例如，建安七子的每个人在成为侍从文人集团的一员之前，即他们在依附曹氏政治集团之前，已经各自成名，各人有各人的文学风格了。曹丕在《典论·论文》中就评论道："王粲长于辞赋，徐幹时有齐气"，"琳、瑀之章表书记，今之隽也。应玚和而不壮，刘桢壮而不密。孔融体气高妙，有过人者。然不能持论，理不胜辞，以至乎杂以嘲戏。"但是他们一旦加入侍从文人集团之后，正如曹植在《与杨德祖书》中所说的，就"不能飞骞绝迹，一举千里"了。他们只能按照曹氏政治集团的需要，去歌功颂德，充当"雍容侍从"的角色，来"并骋材力，效节明主"。所以，刘勰《文心雕龙·明诗》

第一章 中国古代文人概况

篇概括建安诗歌的基本内容，说是"怜风月，狎池苑，述恩荣，叙酣宴。"

其他类型的文人集团，在文学创作中也同侍从文人集团一样，出现了各种从众现象。这里就不一一举例了。

文人与文学流派

文学流派正式形成于中唐至北宋时期。

中唐文坛的一个特殊现象，就是自觉结合的文人集团的出现。当时在文体革新的浪潮之中，产生了三大文学集团，即以韩愈为首的韩门弟子集团，以柳宗元、刘禹锡为代表的柳刘集团，和以元稹、白居易为代表的元白集团。文人集团内部的文学活动十分频繁，朋友高会，酬唱赋诗，竞为新奇，务相喜可，蔚然成风。这些集团虽然没有后来的文学宗派或文人结社那样存有固定的形式、明确的纲领和有组织的活动，但其成员由于在社会地位、政治观点、文学倾向等方面的相似，便结成了亲密的关系，互相支持，互相影响，实际上成为一种不太固定、比较松散的文学群体。

以韩愈为中心的文学群体，旧称"韩门弟子"，包括欧阳詹、李观、张籍、李翱、李汉、皇甫湜、沈亚之、樊宗师等。他们都是一些出身地位较低、仕途不甚顺达的"文章之士"。他们思想上尊儒重道，文学上崇尚复古，在古文运动的旗帜下集结起来。李翱《韩文公行状》说："自贞元末以至于兹，后进之士，其有志于古文者，莫不视公以为法"，说的就是这个集团。这个集团中，欧阳詹与李观是韩愈的同年进士，时人称为"同道而相上下者"（《全唐文》卷五四四李贻孙《故四门助教欧阳詹文集序》）；其余诸人则都从游于韩愈门下，成为韩愈所倡导的古文运动的积极实践者和热情鼓吹者。

柳宗元和刘禹锡等人结成的文人集团，有着鲜明的政治色彩，在"永贞革新"前后在政坛上颇为活跃，所以他们的文学活动与政治斗争的关系较为密切。"文者以明道"（柳宗元《柳河东集》卷三十四《答韦中立论师道书》），"八音与政通，而文章与时高下"（刘禹锡《刘宾客文集》卷十九《唐故尚书礼部员外郎柳君集纪》），既是他们明确的文学理论主张，也是他们信守的文学创作准则。

至于白居易和元稹则共同倡导了"新乐府运动"，参加者还有李绅、张籍、王建等人。他们大量地创作乐府诗，以"补察时政"、"泄导人情"，著称于世。"文章合为时而著，歌诗合为事而作"（白居易《白氏长庆集》卷四十五《与元九书》），是他们共同的旗帜。与韩门弟子集团相比较，他们的文学创作更多地追求感时抒事，褒贬讽喻，在艺术上也力求通俗易懂，浅切晓畅。

中国古代文人
ZHONG GUO GU DAI WEN REN

白居易倡导新乐府运动

中唐以后，不仅实体性的文人集团有了进一步的发展，以风格划分流派的尝试也更为进步了。唐末张为撰《诗人主客图》，以诗歌风格为标准，列白居易、孟云卿、李益、孟郊、鲍溶、武元衡等6人为"主"，门下各有"上及室""入室""升堂""及门"等不同等第的"客"若干人。这种区判诗风、考诠流别的方法，显然继承了钟嵘《诗品》的传统。张为专论中晚唐诗人，力图以风格入手划分流派，实开后世文学流派理论之先声，所以宋人陈振孙《直斋书录解题》说："近世诗派之说，殆出于此。"清人李调元《诗人主客图序》也说："宋人诗派之说，实本于此。"

同时，在以某一种风格情调和创作倾向为标准选录作品，结集刊行，如殷瑶的《河岳英灵集》，主要收清雅幽远之诗，后人视为以王维、孟浩然为代表的王孟诗派的选集；元结的《箧中集》，收录沈千运等"无禄位""久贫贱"者的悲苦怨愤之作；五代后蜀赵承祚编《花间集》，专收浓艳香软之作，后人称作"花间词派"；宋初杨亿编《西昆酬唱集》，收录杨亿、钱惟演等15位宫廷诗人"更迭唱和，互相切劘"之作，诗风以浮华侈丽见长，史称"西昆诗派"。这些作品选集在某种意义上堪称流派作品集，尤其是《花间》《西昆》二集，既突显了鲜明的文学风格，又奠基于某一作家群体，表现出风格与群体的融汇合一，难怪后世即以之为流派代称了。但就《花间》、《西昆》本身而言，在当时勿宁只是视为一"体"——即一种风格的。欧阳修《六一诗话》称："自《西昆集》出，时人争效之，诗体一变"，可为明证。在文学史上理论的总结总是滞后于创作的实践，于此可见一斑。

文学流派的真正成熟，当以江西诗派为标志。宋陈振孙《直斋书录解题》卷十五云："诗派之说，本出于吕居仁，前辈多有议论。"清厉鹗《樊榭山房文集》卷二《查莲坡蔗塘未定稿序》亦云："自吕紫薇作江西诗派，谢皋羽序睦州诗派，而诗于是乎有派。"二者都指明文学流派始于吕本中定江西诗派。

北宋末年，吕本中作《江西诗社宗派图》，并编刊《江西诗派诗集》，第一次自觉地、明确地打出江西诗派的旗帜。江西诗派从纵向上沟通了文学风格的源与流，吕本中以黄庭坚为诗派盟主，别立同时的25位诗人皆以黄氏为祖；其后，方回在《瀛奎律髓》中倡"一祖三宗"之说，一祖为杜甫，三宗

第一章 中国古代文人概况

为黄庭坚、陈师道、陈与义。在横向上,江西诗派贯穿了文学风格与文人群体,诗派的成员师承关系甚密,诗风大体一致,构成了一个严谨的文学集团。更值得注意的是,江西诗派标举了共同的文学理论主张,黄庭坚独创"学杜""点铁成金""脱胎换骨""去陈反俗"等理论主张,陈师道在《后山诗话》、吕本中在《江西诗社宗派图序》和《紫薇诗话》中均加以阐释和发挥。这些理论主张,既是江西诗派创作实践的总结,也是他们创作实践的指南。

元明清时期,是文学流派充分展开的时期,九派横流,各展风姿。这主要表现在流派组织的自觉性、流派构成的普遍性和流派研究的深入性3个方面。

总之,文学流派即是一种文人集团。作为这种集团的内在凝聚力的是文人的文学主张、创作倾向及审美趣味,归根结底是文人的主体人格。正是由于文人主体人格的互相吸引,方才结成了一定的文人集团;也正是由于文人集团的结合,方才强化了文人的群体人格。文学流派对文学发展也是一种促进,它对我国古代文化的分化组合起到一定的作用。

知识链接

身经离乱的建安七子

建安七子又号邺中七子,是指东汉末年汉献帝年间的7位文学家:孔融、陈琳、王粲、徐干、阮瑀、应玚、刘桢。同时代曹丕的《典论·论文》首次将他们相提并论,七子与"三曹"往往被视作三国时期文学成就的代表。

"建安七子"与"三曹"构成建安作家的主力,对诗、赋、散文的发展,都曾做过贡献。王粲在诗赋上的成就高于其他6人。刘勰《文心雕龙·才略》提到:"仲宣溢才,捷而能密,文多兼善,辞少瑕累,摘其诗赋,则七子之冠冕乎。"王粲的哀思最能表现在作品上,其"七哀诗"与"登楼赋",最能代表建安文学的精神。王粲《七哀诗》吟道:"出门无所见,白骨蔽平原。路有饥妇人,抱子弃草间。"把在乱世的经历见闻,融入于作品之中,留下最真实的记录。

7人当中,除孔融外,其他6人都依附于曹操父子旗下。建安二十二年(217年)冬天,北方发生疫病,当时为魏世子的曹丕在第二年给吴质的信

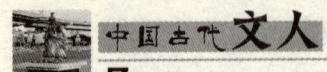

中说:"亲故多罗其灾,徐、陈、应、刘一时俱逝"。除孔融、阮瑀早死外,建安七子之中剩余的5人竟然全部死于这次传染病。曹植《说疫气》描述了当时疫病流行的惨状说:"建安二十二年,疠气流行,家家有僵尸之痛,室室有号泣之哀。或阖门而殪,或覆族而丧。"

"七子"以写五言诗为主。五言诗是直到东汉后期才兴盛起来的新诗体,桓、灵两帝时期"古诗"的出现,标志着五言诗已经初步成熟。而"七子"的优秀五言之作,写得情采无限,变化多致,使五言诗在艺术上更臻于精美。如徐干的《室思》就比同一题材的《青青河畔草》或《冉冉孤生竹》写得细腻深厚。而陈琳《饮马长城窟行》、阮瑀《驾出北郭门行》等都作于汉末战乱发生之前,其写作时间不一定比"古诗"晚,他们在五言诗发展史上的重要性就更加值得重视。

"七子"的生活,基本上可分为前后两个时期。前期他们在汉末的社会大战乱中,尽管社会地位和生活经历都有所不同,但一般都没能逃脱颠沛困顿的命运。后期他们先后依附于曹操,孔融任过少府、王粲任过侍中这样的高级官职,其余也都是曹氏父子的近臣。不过,孔融后来与曹操发生冲突,被杀。由于7人归附曹操的时间先后不同,所以各人的前后期不存在一个统一的界限。

第二节
古代文人的前途命运

文人的游说入仕之路

春秋战国的诸子文人们,站在入仕致富的最初起点上,望着管仲相齐成

第一章　中国古代文人概况

功富比公室的辉煌终点，凭借着用士理论所造就的社会政治氛围，当然要找出一条从起点通向终点的路。按照司马迁的记载，管仲之所以成功有两个先决条件：一是具有治国的才能；二是遇到了鲍叔牙这样的伯乐给予推荐。这第一个条件，对于诸子文人们来说尚且具备，孔子培养学生的目的就是"从政""为宰"；孟子也自视甚高，"当今之世，舍我其谁也？"因而，诸子文人们多多少少都胸怀一些治国的主张。可这第二个条件对诸子文人们来说，就没有管仲那样幸运了，毕竟像鲍叔牙那样的伯乐普天之下太少了。虽然到了战国初年，有的诸侯国开始实行举荐的方式向国君推荐人

管仲像

才，但这一方式直到战国末年也未普遍实行开来。李斯向秦王嬴政上《谏逐客书》，建议不要驱走人才，就说明当时并没有什么确定的举荐制度。所以杜佑在《通典·选举典》中说：秦统一以前，"仕进之途，唯辟田与胜敌而已"。像管仲那样被鲍叔牙直接推荐给国君的，虽然在春秋战国时还能找出几个，但相比较文人群体而言，那真少得可怜。正是在这种无奈之下，春秋战国时的诸子文人们才纷纷走上了游说之路。

游说，顾名思义，是指文人们通过游说各国诸侯等当权者，得到赏识而进入仕途。文人的游说在当时被称作游说之士、谈说之士、言谈之士或者干脆叫说客。这些称谓当中，重在一个"说"字。因而商鞅说："谈说之士资在于口。"张仪游说遭难，第一个想到的是"吾舌尚在否？"可见，口舌的言说是很重要的。不过，言说的好与坏、弱与强，能否打动国君的心思，引起他们的关注并最终被采纳，从而得到赏识，还是要靠头脑中的智慧和知识。所以，智慧和知识就成为文人游说的资本。

春秋战国时代，第一个踏上游说之路的文人，应该是秦国的百里奚。百里奚本为秦人，因家贫远奔齐国游说求仕，曾向齐国的人讨饭吃，后被齐大夫蹇叔收留。因有蹇叔的关系，百里奚"因而欲事齐君"，但不久齐国发生政变，百里奚被迫到周朝游说。周王之子颓喜爱牛，百里奚凭着养牛之技求得

商鞅塑像

禄位，后王子颓欲用他为臣，可不久王子颓却被杀，不得已，百里奚又到虞国游说，但不见用。他自己说："臣知虞君不用臣，臣诚私利禄爵，且留。"百里奚如此渴望利禄爵位，后来终于当上秦国大夫，被秦穆公授予国政，富且贵矣。

当年春秋战国时诸子文人们对他们所处的时代非常很反感。孔子说那个时代是"礼崩乐坏"、"天下无道"。墨子比孔子说得细致，是"国相攻"、"家相篡"、"人相贼"、"强相弱"、"众暴寡"、"富侮贫"。孟子比孔、墨二人晚生200多年，在他眼中，世道比孔、墨之时更加糟糕，所以当时的当政者无不在他的谴责之列："尧、舜既没，圣人之道衰，暴君代作。坏宫室以为污池，民无所安息。弃田以为园囿，使民不得食……世衰道微，邪说暴行有作；臣弑其君者有之，子弑其父者有之。"荀子生得晚，已到战国末期，社会动荡比孟子时更加剧烈，他竟在无奈之下，把一切都归于人性恶："人之性恶，其善者伪也。今人之性，生而有好利焉，顺是，故争夺生而辞让亡焉；生而有疾恶焉，顺是，故残贼生而忠信亡焉；生而有耳目之欲，有好声色焉，顺是，故淫乱生而礼义文理亡焉。然则从人之性，顺人之情，必出于争夺，合于犯分乱理而归于暴。"在他看来，人一出生本性就是坏的，这个时代还能好吗？

对于自己所处的时代这样反感，却还纷纷往游说入仕的路上跑，诸子文人当然就得找出理由来证明自己为什么要走上这条路。孔子就说自己是为了"复礼"，恢复西周的制度，"周监于二代，郁郁乎文哉！吾从周！""如有用我者，吾其为东周乎！"墨子说是为了"欲求兴天下之利，除天下之害"。法家的商鞅说是为了"富国强兵"。孟子说是为了推行他的"仁政"和"王道"。荀子、韩非等诸子文人当然也各有说辞。这些诸子文人们处于那样的乱世，必会生出一种改造世道的决心，更何况他们还有一套治国的方略呢。之所以他们会一个个诸侯国、一个个国君游说下去，是因为那个时代，他们面

第一章 中国古代文人概况

对的就是那样的诸侯和国君,不由他们选择。为了推行他们的治国方略,他们只得一个个地游说下去,这种先入仕之后再说的策略,或称为权宜之计,一旦他们入了仕掌了权,就可以推行他们的治国方略了。

文人的归隐之路

在中国传统文化中,隐逸是一种十分独特的文化形态。虽然隐逸文化从未占据过主流,但作为中国历史上一种奇异的文化现象,作为一种精神基因,隐逸思想曾历史地传承和沉淀于历代不畅其志的士人的血脉之中。隐士虽"处江湖之远",但隐逸思想所产生的社会影响力有时并不弱于"居庙堂之高"者。隐逸现象为我们描绘出了一幅中国古代文化的独特风景。

在中国古代,文人因各种原因走上隐居道路,或在某个阶段过着隐逸生活。不仅他们隐逸的动机与走上隐逸之路的情形多有不同,而且他们的隐逸心态和隐逸生活的方式也各不相同。探讨古代文人隐逸的种种情景,可以窥见古代社会的某些方面,加深对隐逸文学的理解和认识。

很难考证隐士起源的具体年月,但根据现有文献来看,在尧舜禹时代,隐士就出现了。据《辞海》的解释,"隐士"是"隐居不仕的人"。这里的"士",是指知识分子,"不仕"就是远离政治,不出来做官。《南史·隐逸》云:"隐士须含贞养素,文以艺业。不尔,则与夫樵者在山,何殊异也。"可见,隐士与那些默默无闻、终身在乡村的目不识丁的农民,或遁迹江湖飘忽不定经商的商贾,或居于崖顶岩穴砍柴的樵夫是有本质区别的。《易》曰:"天地闭,贤人隐""遁世无闷""高尚其事。"可见,一般的"士"隐居也不足称为"隐士",必须是有名的"士",即"贤者""贤人隐"才能称为隐士。由此可知,隐士即"士"的一种。所谓的隐士其实专指那些具有相当才学和文化素养而不愿做官的人。

在中国古书中,隐者的名称很多,例如"逸民""隐士""处士""高士""徵君""避世之士""不宾之士"等。战国时期鲁仲连能替弱小国家排忧解难,《史记》称之为"高士";商朝的伊尹有宰辅之才而杂于平民之间,《史记》称之为"处士";周初的伯夷、叔齐等人认为周伐商是叛逆,不食周粟而死,孔子称之为"逸民"。汉代以后,隐士的概念逐渐明确,一般指那些不与当权者合作而又具有才学和一定社会影响的人。

中国古代的隐士,从其"隐"的境界和目的来看,有"真隐"、"假隐"、"半隐";从"隐"的方式看,有"道隐"、"心隐"、"朝隐"、"林泉之隐"、

"中隐"、"酒隐"和"壶天之隐"等等。自古以来,"隐"的涵义相当复杂,隐逸思想不断得到传承发展。

1. 孔子的道隐

孔子

"天下有道则见,无道则隐"(《论语·泰伯》),"邦有道则仕,邦无道则卷而怀之"(《论语·卫灵公》)。孔子隐逸思想的核心是"邦有道则仕,邦无道则隐",这种无道则隐、存身求仁、审时而动的主张,实质上就是"道隐"。道隐无形,既是无形,就不受拘泥。不论身在何处,只要有圆融宏大的人格,就不会拘泥于一时、一世、一人、一地,即以"独善其身"求得超越尘俗的精神解脱。孔子的隐逸思想要求在"邦有道则仕,邦无道则隐"的仕隐之间实现自己圆融的人格,隐是修身,仕是治国平天下,而二者的共同指向是由外在功业和内在修身构成的人格。道隐是中国隐逸文化的开端。

2. 庄子的心隐

"之人也,物莫之伤,大浸稽天而不溺,大旱金石流,土山焦而不热。是其尘垢秕糠,将犹陶铸尧舜者也。孰肯以物为事?"(《庄子·逍遥游》)隐不是伯夷、叔齐不食周粟而饿死首阳山的身隐、形隐,而是"大浸稽天"不湿,"大旱金石流"不热的心隐、神隐,隐的目的是为了拉开内心世界与现实世界的距离,获得一种超越性的自由体验。庄子之隐的精义是通过构建逍遥不羁的人格来否定污浊的现实,摆脱心为物役而异化。这是隐逸文化从绝世离索到混世葆真的明显改变。所谓"隐",已不再强调地理或空间的环境,更注重的是隐者的心态和价值观念,隐也朝着直接根源——心——的方向发展。

3. 东方朔的朝隐

"武帝时,齐人有东方生名朔……据地歌曰:'陆沈于俗,避世金马门。

第一章 中国古代文人概况

宫殿中可以避世全身,何必深山之中,蒿庐之下。'"(《史记·滑稽列传第六十六》)汉代东方朔提出了隐身"金马门",将独立自由的人格巧妙融入宦游之中的"朝隐"。当我们翻读史书时就会发现,那些奔走于仕途的有识之士并不都能实现抱负。其原由大多来自当时的朝政。但他们不甘心退出政界,不为权势富贵,也不为功名利禄,只因他们要在其中寻求即便狭小的平衡,坚持正义,这就是朝隐。"朝隐"实质上就是一种权变之术,从某种意义上来说,是"仕"的另一种表现和存在形式。隐士们在本质上和士人的抱负理想以及齐家治国平天下的内心渴望是相似的。

 4. 魏晋的林泉之隐

魏晋时期由于战乱频仍和门阀氏族的倾轧,加之道家思想的影响,很多文人选择了放浪形骸远离政治的生活方式,谈尚玄远的清谈风气由此形成。

六朝隐士之多,恐为历代之冠,避世之隐为其一大表现。最著名的当首推"竹林七贤"了。隐士表面上超脱,在意识形态上也表现出超脱,实则内心都有无穷的痛苦。阮籍的《咏怀》诗正是当时社会文人心态的一种写照,身在林泉以冷漠为反抗,是一种不得解脱的解脱。魏晋"隐逸文化"的另一个表现,就是出现了对隐居生活由衷赞美和吟咏的"隐逸诗"。西晋张载和左思的《留隐诗》就用了"招隐"二字。东晋大诗人陶渊明有"千古隐逸诗人"之称,他虽没有以"招隐"为题的诗篇,他的诗却达到了"隐逸诗"的巅峰。最有名的当然要数那篇题为《饮酒·第五》的诗,这样的"隐逸诗",真是到了超凡脱俗的地步。和"隐逸诗"同时流行起来的还有山水诗,这也是"隐逸文化"的一个表现。

魏晋士人欲做直臣而不能,欲做真正的隐士也不可得,但他们在这种痛苦中创造出了丰富的精神价值。山水诗、田园诗、咏怀诗、咏史诗的出现即是明证,这也标志着中国文学进入了自觉的时代。林泉之隐是抗言不羁、孤傲独立的士人精神的光辉显现,是孔子之隐的继承者。在后来的历史岁月里,其批判精神难得一见,它把中国隐逸文化推向光辉灿烂、非常成熟的阶段。

 5. 白居易的中隐

唐代集权制度使隐逸的宽松度发挥到极致,使隐逸文化穷尽了自己所有的积极形式,"终南捷径"的出现正是集权政治体制成熟的表现,实际上是科举制度的隐性补充,它把当时科举遗漏的或者不愿通过科举入仕的人才积极收纳到统治体系内。王维的仕隐齐一,其独特之处在于既做方内之人,又是

15

皇羲上人；既执着于现实，又走向内心。隐逸文化自身迅速蜕变滑坡，由隐逸指向社会的积极面并转向内心。从终南捷径到王维的仕隐齐一，表面看是中国隐士最辉煌时期，但实际上抹杀了隐逸文化的积极意义。

　　白居易的"中隐"理论曾把隐士分为大、中、小三类。经历了人生忧患之后的白居易，在《中隐》一诗中却全然摒弃了仕途的进取，津津乐道于"不劳心与力""终岁无公事"的逍遥。朝廷党争的日趋白热化让他认识到"朝市太嚣喧""贵则多忧患"；另一方面，他认为小隐也太不现实："丘樊太冷落""贱即苦冻馁。"于是，他选择了"隐在留司官"，过一种"非忙非闲、非贵非贱"的生活。他决定取舍的根本原因不在于三种隐士各自的社会意义和文化意义，而完全取决于三种隐逸模式对隐者的世俗的实用价值。这就是中唐多数隐士的选择。

　　中隐是中国传统隐逸观念的重大转折，是大隐、小隐之间的折中与调和，不再以"隐"作为实现独立和价值的途径。"中隐模式"虽承接了朝隐的路数，但又失掉了朝隐的游刃宦海而不失初心的权变之道，而沦为仅仅为了解决生计保命存身的投机行为，与隐逸文化的旨趣大相径庭。"中隐"使隐逸庸俗化，盛极一时的隐逸文化便开始走向衰落。

6. 苏轼的酒隐

　　说到酒，就不能不提起李白"酒隐安陆，蹉跎十年"，但把酒引入隐逸文化的还是苏轼。"世事悠悠，浮云聚沤，昔日浚壑，今为崇丘，眇万事于一瞬，孰能兼忘而独游？爰有达人，泛观天地，不择山林，而能避世。引壶觞以自娱，期隐身于一醉……暂托物以排意，岂胸中而洞然，使其推虚破梦，则扰扰万绪起矣，乌足以名世而称贤者耶？"（苏轼《酒隐赋》）隐是道的境界，酒是道的精神滋补品。事实上，隐不在朝，亦不在野，唯在精神，酒隐是得其精髓者。苏轼的酒隐赋予了酒一种与"醉生梦死"相反的价值。在这里，苏轼质疑、颠覆着传统的价值观念，对功名仕途不复看重，对

东坡塑像

案牍劳形的俗吏生涯更深表厌倦,但他却不能抽身而退,而酒把虚幻与现实的鸿沟弥合起来,搭起了一座让人自由出入于精神与现实中的桥梁。这座桥梁不是把人引向泥潭,而是把人提升到了理想的云端。酒隐之圣的苏轼因此而走向了传统士大夫文化人格的顶峰。

可以说,宋代酒隐模式的出现是隐逸文化发展的结果,是对历代隐逸理论所作的总结。其发展到了十分精致的地步,对士人的心灵净化和治平功业起到了积极作用,算是隐逸文化的一个小中兴。

7. 明清的壶天之隐

壶中天地是精巧细腻的园林的别称,壶天之隐也往往是指隐居于园林中的隐士生活。自人类出现,大自然注定要染上人为的色彩,对于追求人与自然和谐共处的古代中国人而言,自然山水的美景不仅仅是其寄情抒怀的地方,而且可以通过其改造山水赋予其人文内涵。

中唐以来的"中隐"思想导致汉代以来的传统隐逸思想加以转变。对于士人们而言,"隐"已不再成为身体力行的实践行动,而是一种获得心理平衡的精神享乐,于是,园林便理所当然地成为这种精神享乐的载体。传统隐逸思想的转变,加之明清文化的向内开掘和精微细腻,从而出现了将园林与"壶中天地"、"须弥芥子"美学概念联系起来的所谓"壶天之隐"。壶中天地实际上相当于一个封闭的、精美的、微缩的园林天地的象征。

以"壶中天地"的园林作为隐居和精神的栖息地,隐逸则越来越走向狭窄。园林艺术就建筑文化层面讲,其功不可没,在这股风潮中,中国的园林文化逐渐趋向成熟。但从士人文化心态方面考察,所谓"芥子纳须弥",摄大千世界的全部意蕴于方寸之间,在一种虚幻的宏大气魄里体味盛世的辉煌,实为人格的萎缩、时代的萎缩。

总之,孔子的道隐、庄子的心隐、东方朔的朝隐、魏晋的林泉之隐以及白居易的中隐和苏轼的酒隐,其特点就是非暴力、不合作;间或指点江山、激扬文字,坚持清纯的文化理想,其精神本质就是人在无奈时既不反抗也不投降,只求保持心灵的自由。这或许多少有些精神胜利法的嫌疑,但民族精神的一脉正义与神圣庶几唯系于此。

科举对古代文人的影响

据说,唐贞观年间,唐太宗李世民看新科进士从端门列队而出的时候,

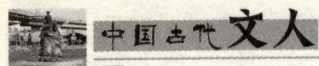

非常高兴地说："天下英雄入吾彀中矣！"彀中即指弓箭的射程之内。在他看来，科举制度就是使英雄就范的手段。1000多年以来的科举历史也表明唐太宗皇帝达到了目的，古往今来有许许多多读书人落入这一圈套中。在士人的眼中，"科名"二字便是世界的一切；在士人的心中，科举得第是最令人魂牵梦萦之事。因此在科场内外，便上演了一幕幕悲喜剧。科举，对于极少数运交华盖之士来说，意味着平步青云、紫蟒缠身，而对于大多数士子来说却是坠入十八层地狱，永世不见天日。科举如同一块巨大的磁石，把士子终身的注意力都吸引至磁场的周围，并在潜移默化中塑造了中国文人的价值取向、文化心态及性格特征。

"三更灯火五更鸡，正是男儿立志时。十年寒窗无人问，一举成名天下知。"（元·刘祁《归潜志》第七卷）古代文人士子们寒窗苦读，为的就是科举及第，一举成名。这在当时被人们称之为"登龙门"。所以，自唐以后的整个封建时代，放榜都是轰动一时的大事。在唐代，每当发榜之后，便有曲江会、杏园宴、雁塔题名等活动，各种名目的喜庆宴会也接踵而来，新科进士们从金榜高悬，经"谢恩"、吏部铨叙、送往迎来的交际应酬，直到新科进士离京返乡，可以说无日不在宴中，无日不在乐中。甚至新科进士的曲江大会，

北京科举匾额博物馆

第一章 中国古代文人概况

科举及第,大魁天下,自然是欢天喜地,风光备至,但古代科举的录取名额有限,这就注定得第者少,落第者多,那些占应第举子百分之九十七八的落第者,他们落第后内心的痛苦和哀伤、生活的困顿悲惨却无处诉说。唐代"诗圣"杜甫进士不第后,困居长安达10年之久,他四处投献诗文,"朝扣富儿门,暮随肥马尘。残杯与冷炙,到处潜悲辛。"(杜甫《奉赠韦左丞》)可是全无结果。另外,韩愈、孟郊、李商隐、李翱等诗人,都有过屡试不第的经历。"凭君莫话科举事,进士功成身已枯",正是他们一生的辛酸写照。

在唐诗中,以"落第""下第"为题材的诗篇几乎形成一大门类,那些悲切凄楚的词句,黯然神伤的感情,至今仍给人深切的感受:"落第逢人恸哭初,平生志业欲何如。鬓毛洒尽一枝桂,泪血滴来千里书。"(赵嘏《下第后上李中丞》)"年年春色独怀羞,强向东风懒举头。莫道还家便容易,人间多少事堪愁。"(罗邺《落第东归》)"谁知失意时,痛于刃伤骨。身如石上草,根蒂浅难活。"(邵谒《下第有感》)有些士子虽然考了几十年,最终还算是中了个进士或举人,更多的则是考了一辈子始终名落孙山,抱恨终身。如晚唐号称"三罗"的著名诗人罗隐、罗邺、罗虬,都是终身屡试不第。罗隐原名罗横,也很有点恃才自傲的"横"气,然而10次应试皆不第,后愤然改名为"隐","早知世事长如此,自是孤寒不合来!"(罗隐《丁亥岁作》)所以,在他的诗集中,抒写落第悲愤的篇章也特别多。北宋著名词人柳永,早年出入花街柳巷,酒楼歌馆,填写了大量词曲,流传四方,"凡有井水饮处,即能歌柳词"。但考进士却落榜了,于是他填了一首《鹤冲天》:"黄金榜上,偶失龙头望。明代暂遗贤,如何向?未遂风云便,怎不恣狂荡!才子词人,自是白衣卿相。烟花巷陌,依约丹青屏障。幸有意中人,堪寻访。且恁偎红依翠,风流事,平生畅。青春都一晌,忍把浮名,换了浅斟低唱!"落榜不仅未使他收敛放荡的浪子作风,反而更"恣狂荡"。他再次考进士时,宋仁宗在审阅名次时特地划掉柳永之名,说:"且去浅斟低唱,何要浮名!"此后,柳永遂自我解嘲地号称"奉旨填词柳三变"。

"唐宋八大家"之一的苏洵,天圣五年(1027年)19岁考进士落第,29岁再举进士又不第,38岁复如此,实在使他备受打击。深怀隐痛的苏洵自己虽然决心不再应试,但待两个儿子成年后,却还是带他们去汴京赶考,因为除此一途,别无晋身可能。后来,苏轼兄弟都一举高中,苏洵感慨万分地赋诗云:"莫道登科易,老夫如登天;莫道登科难,小儿如拾芥。"这中间既含有他因两个儿子争气的喜悦和骄傲,也包含着自己一生科场坎坷的辛酸,还表明以考试来选拔人才的局限性。

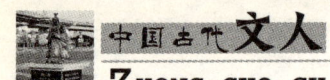

南宋第一大诗人陆游曾先后两次科场失意,后来的一次考试,他本为第一名,却被秦桧除名。直至秦桧死后,陆游才以其诗成名,人称"小李白"。由宋孝宗"赐进士出身"。难怪清代才子龚自珍会发出"不拘一格降人才"的呼声!

古代的大部分士子,在屡困科场后,不再应试,他们中有的穷困潦倒,终其一生;有的放浪江湖,空怀抱负;有的则移情别注,著书立说,还有的则选择了与朝廷为敌的起义造反之路。晚唐王仙芝和黄巢屡次应进士科不第,黄巢怀着失意的切肤之痛写下《赋菊》诗:"待到秋来九月八,我花开后百花杀。冲天香阵透长安,满城尽带黄金甲。"起义后,黄巢曾发布檄文历数朝廷罪过,其中就有科举不公这一条。

古代科举制形成了"学而优则仕"的格局,所以,士人们一旦学而优不能仕,又被剥夺了曾经享有的优于农工商阶层的免役特权,他们又无从事劳动自养、经商致富的能力,那么,他们就成了社会上最穷困潦倒、缺衣少食的阶层。政治上、经济上的没有出路,自然会导致其社会地位的大幅度下降,在一般人眼中,儒生即是没出息的无用之辈。在元代,人们按社会的尊敬程度,将社会上的各种职业分为十等:一官、二吏、三僧、四道、五医、六工、七匠、八娼、九儒、十丐。儒生的地位排在十列的第九等,居于工匠和娼妓之后,仅比乞丐高一等,由此有了"臭老九"这个称谓。虽然元朝儒生的处境比较特别,但自开科取士以来,读书人除了应试显达之外,别无他技,"四体不勤","五谷不分",被社会所鄙视是很自然的事。

先秦时期的文人

先秦是指原始社会到战国时期这段历史。在长达1800多年的历史中,中国的祖先创造了光辉灿烂的历史文明。这一时期的大思想家老子、孔子等诸子百家,开创了中国历史上第一次文化艺术的繁荣。历史酣畅惊喜地将他们的名字刻在了长卷中。

第一节
春秋时代文人

老子的传奇人生

老子是我国著名的哲学家、思想家，也是道家学派的创始人，在民间有太上老君、道德真君之称。关于老子的身世有着非常美丽的传说，尤其是他的降生，充满着一段传奇的神话。传说他的母亲是感受了从天而降的神灵所化之气而怀孕，一怀就是整整81年。一天，他的母亲正坐在李树下歇息，忽听得天上仙乐奏鸣，四周香风阵阵，便觉左腋一阵剧痛，随之从腋下生出一个鹤发童颜，顶有日光，身滋白血，面凝金色，耳有三孔，美眉广颊的小孩。孩子一生下来就走了九步，步落之处，莲花绽起。他左手指天，右手指地，说："天上地下，唯我独尊，我当开扬无上道法，普度一切芸芸众生。"他还指着面前的李树说，"这就是我的姓。"当他的母亲带他去洗澡时，九条神龙飞驾而来，化做九条巨鲤，吸水为他喷浴。虽然这段传说像女娲以五彩石补天，精卫以衔木而填沧海那样的虚幻神话，但不得不说老子的确是一位非凡的传奇之人。

老子从小就勤于用脑。独自一人时，他常常面对浩瀚天穹和河中的流水久久沉思，似乎在揣摩着大自然的奥秘。

有一次，老子与一群小伙伴在一棵大树下玩耍。老子看到大树上写着一个"楝"字，就对小朋友说，这是一棵楝树，而在大树另一侧的小朋友则说这是槐树。两人为

老子雕塑

第二章 先秦时期的文人

此发生了争执。后来,两个人围着大树转了一圈,才发现树的一侧虽然写着"楝"字,但另一侧写的却是"槐"字,实际上是一棵楝槐连理树。通过这件事,老子懂得了看问题要全面、不能以偏概全的道理。

老子十分喜欢家乡的小河,在他看来,小河不仅默默流淌,日夜不息,滋润着两岸的土地,而且能够包容忍让,碰到有东西阻碍,便悄然绕道离去,从不嫌弃污浊和阴暗。有时候它是涓涓细流,柔弱无比,可一到了洪水季节,它又像脱缰的野马,浩浩荡荡,气吞万里,无坚不摧。正所谓"天下莫柔弱于水,而攻坚强者莫之能胜"。家乡的小河就像一本读不完的书,使老子获益匪浅。它那"善利万物而不争"的禀性,对老子后来哲学思想的形成,产生了重大的影响。

少年时期,经族人介绍,老子拜著名学者商容为师。一次,他听说老师得了重病,便前去探望。据说当时商容问了老子三个极富哲理性的问题。

商容首先问:"不论什么人,经过故乡时都要下车,你知道这是为什么吗?"老子答:"这是表示人不论如何发达显贵,都不应忘记家乡、忘记根本。"商容点了点头,表示赞许,又问:"人从高大的树木旁边经过时,都要弯腰鞠躬,这又是为什么?"老子说:"在高大的树下弯腰,是表示敬老的意思。"

紧接着,商容又问了第三个难度更大的问题。他先张开嘴让老子看,然后问:"我的舌头在吗?"老子答:"在。"又问:"我的牙齿还在吗?"老子摇了摇头:"没有了。"商容接着问道:"知道这是为什么吗?"老子略加思索回答:"舌头还存在,是因为它柔弱;牙齿掉光了,那是因为它太刚强。"商容见老子聪明过人,十分满意。他进一步教导说:"要记住,水虽是至柔之物,但滴水却能穿石;舌头虽然没有牙齿坚硬,但却能以柔克刚。最柔软的东西里,蕴藏着人们很难发现的巨大力量,这种力量甚至能够穿透世上最坚硬的东西。现在我已经把天下最根本的道理都告诉你了,再也没有什么东西可以教你了。"

随着人品和学识的不断长进,老子的名气也越来越大。公元前551年前后,因朝廷史官空缺,老子被选中担任了守藏吏,相当于周王室典籍图书档案馆的馆长。因为这一便利条件,老子得以博览群书。除历代文诰、档案资料、诗以外,他还读了《军志》《建言》《易》《尚书》等大量的图书文献,成为一名精通周礼理论和制度的学者。作为史官,老子还承担记录一切重大政治活动的职责。

当时,周王室由甘氏一族的甘简公执政,他与族人甘成公、甘景公不和。公元前536年,大概是因为记事不合甘景公的意,老子被免去了史官之职。被免职后,老子出游鲁国。

鲁昭公十二年(公元前530年),甘平公登基,老子被召回守藏室继续任职。鲁昭公二十二年（公元前520年），周王室内乱再起，王子朝杀掉王子猛（周悼王），自立为王。5年后，王子朝被众诸侯赶下台，携带大批周朝典籍逃往楚国。老子因此被追究失职之责，再次被免去守藏室吏之职，老子遂返回阔别多年的故乡。

在故乡，老子目睹了连年战火带来的灾难：土地荒芜，满目疮痍，民不聊生。这使他更加痛恨朝政的腐败，对"仁义"的看法彻底动摇，毅然与周礼决裂。从此，老子把对现行制度的批判以及救世方略的思考，升华为对宇宙生成及万物本原的探索，成为先秦伟大的思想家、哲学家及道家学派的创始人。

据说老子离开函谷关进入秦国后，遍游秦国各地的名山大川，最后隐居于扶风一带讲学，传播他的道家思想，并终老于扶风。由于老子学识渊博，待人宽厚，深受当地百姓爱戴，所以他死后前来吊唁的人非常多。因老子曾在槐里讲学，百姓们为了怀念他，将他葬于槐里，就是现在陕西省周至县东南的终南山麓。

陈亢与孔鲤的故事

陈亢，名子禽，从学于孔子。他勤学好问，善于思考，不管对什么事情都有一种怀疑精神，尤其是对孔子的言谈举止、学说思想，乃至人格人品。比如，孔子曾携弟子周游列国，他怀疑其目的，不知道孔子到每个国家去游说，到底是为了从政来实现自己的政治抱负呢，还是希望对人家有所贡献。为此，他常常偷偷地研究孔子、揣摩孔子。

后来，陈亢发现不知什么原因，孔子之子孔鲤的学问明显优于自己。陈亢认为自己聪明好学、敏而好问在同学中是出了名的，而且为了获取更多的知识，自己常不离孔子左右。孔鲤学问高，只能说明一个问题，那就是孔子私下里对孔鲤进行了个别教育。可是，此事是否属实，陈亢也拿不准。

一天，陈亢去拜见孔子，正好在院子里碰到孔鲤，他急忙扯住孔鲤的衣袖，把他拉到僻静处，悄声问孔鲤（字伯鱼）："伯鱼，你在你父亲那儿曾得到与众不同的教育了吧？你是他儿子，他一定把所有秘诀传授给你，我们是同学，你说出来，让我们大家都受益嘛！"

孔鲤一听，急了："没有，绝对没有！"

"没有就没有，你着什么急呀。"陈亢说。

孔鲤也发觉自己刚才有些失态，他拉住陈亢的手真诚地说："子禽，你跟了我父亲这么多年，他的人品如何，你不是比我更清楚吗？父亲主张因材施教，可他绝对不会因为我是他儿

孔子论孝壁画

第二章 先秦时期的文人

子而有所偏袒。不过,我们父子间的两次闲谈倒涉及一些学问上的问题,如果你有兴趣的话,我可以说给你听听。记得有一次,我从外面回来,看见父亲一个人站在庭院里,便恭恭敬敬地从他老人家身边走过。父亲叫住我,问我最近一段时间都读了哪些书?有没有研究过《诗》的学问?我说没有。父亲告诫我说,'不学诗,无以言'。《诗》的学问包罗万象,不学《诗》,知识就不渊博,连写文章、言谈都很困难。于是,我便退回去学《诗》。过了几天,我有事经过中庭,又碰到了父亲。他问我学过周礼没有,我说没有。他说,'不学《礼》,无以立。'周礼代表了中国文化最基本的精神内涵,不懂得礼这方面的学问,不足以立身呀!听了父亲的话,我感触很深,于是便退回去学周礼。从父亲那儿,我只听到这两件事,别的就没有什么了。"

陈亢非常高兴,回到家对夫人说:"为了能揣摩透老师,我只问了伯鱼一个问题,没想到却了解到三点:一是必须学习《诗》,这样才能更全面地了解世界,掌握更多的知识;二是必须学习周礼,这样才能安身立命,有所作为;三是知道先生是位真圣人,他对弟子绝无二心,对自己儿子采取疏远的态度,丝毫没有偏袒之意。"

春秋时代文人

曾参(前505—前436),字子舆,春秋末期鲁国南武城(今山东费县)人。年幼即师从孔子,并随孔子周游列国,是孔子四高足之一。他性格内向,长于内省,提出"君子慎独"及"吾日三省吾身"等不朽名言。笃行仁孝,提倡忠恕。著有《孝经》。曾参是历史上一个有名的孝子。关于他的孝,历来有很多故事。曾参对父亲非常地孝顺,从来不会违抗父亲的任何决定,有时对于父亲蛮不讲理甚至动粗都尽量顺受。有一次,曾参在瓜田里干活,不知道为什么走了神,不小心把一棵长得很好很肥壮的瓜苗给弄断了。他的父亲曾皙性情暴躁,一见之下,怒火冲天,抄起一根粗木棒照着曾参背脊上就是一棍子。可是曾参这个书呆子,竟然不闪不避,扎扎实实挨了一棍,一下子扑倒在地上,不省人事。过了好半天,他才缓过劲,迷迷糊糊醒过来,背上火烧火燎地疼,尽管如此,还是挣扎着跑去问候他的父亲,说:"不孝子惹父亲大人生气了,您老人家教训我,可曾用力过猛,伤了您的手?"问候完毕,又回自己屋里,继续若无其事地弹琴唱歌,告诉父亲自己一点怨恨也没有。

这件事很快就传了出去。大家都说曾参真是个至孝之人,宁愿自己受伤,也不愿忤逆父亲。后来孔子也听说了,却对此不以为然,还吩咐其他弟子,如果曾参来了,就别让他进来。其他弟子虽然奇怪,可一看孔子的脸色,谁也不

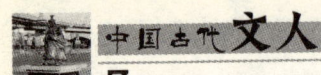

敢询问。果然没两天，曾参来了。哪知道刚走到门口，就被关在门外，不准进去。曾参百思不得其解，不知道自己做错了什么。只好千方百计托人传话，希望孔子能解开他心中的疑惑。孔子说："从前舜也是个大孝子，可不是曾参这样的。舜的父亲也经常打他，如果他爹用小棍子打，舜就不闪不避，随他打几下；如果他爹用大木棒打他，他就跑得远远的，躲开暴怒中的父亲。现在曾参，明明看见大木棒砸下来也不躲避，存心用自己的血肉之躯去承受那蛮不讲理的暴怒。他自己倒觉得自己这样是孝顺，也不想想，万一他老爹那一棍子把他打死了，那他老爹岂不是要背负杀子的恶名？天下还有比陷父亲于不义更不孝的吗？"

曾参听了别人的转述，恍然大悟。这才明白自己这种做法其实是极端错误的，几乎酿成大错。凡事必须有一个度。如果不能很好地把握这个度，就有可能把好事变成坏事。曾参至孝，本来是一件好事，但是他开始却没有把握住所谓"孝"的标准和度，以为一味地逆来顺受就是"孝"，结果几乎铸成大错。孔子的智慧就在于懂得凡事不能过火，一旦过火就会犯错。这其实也是孔子中庸之道的一个体现。

知识链接

染指于鼎

姬夷是春秋时郑国的国君，史称郑灵公。他刚刚即位时，楚国人送来几只鼋以示庆贺。鼋又叫绿团鱼（俗称鳖），肉嫩味美。郑国上卿公子宋在与公子归生二人在上朝的路上，突然食指跳动起来了。古人迷信，认为食指主吃，跳动有福。公子宋喜上眉梢，对公子归生说："过去，只要我食指一跳，就准有好吃的，特别灵；你看吧，今天我们有口福了。"

等他们进了宫中，迎面看到厨师正在宰杀大鼋，二人相视，会心地笑了。郑灵公见了，很奇怪，问："你们笑什么？"归生说："我们来的路上，宋的食指突然跳动，宋说今天有好吃的！"

议完朝中大事，鼋汤正好出锅。郑灵公传旨下去，赏赐大臣们一人一碗，唯独没有公子宋的。灵公心想："你不说你的食指灵吗？今天我偏不给你，看你以后还吹不吹牛？"

看到左右的人都吃得那么香,公子宋的火腾一下就上来了:"好你个姬夷,今天摆明了你是要看我的笑话啊!好,你让我面子上过不去,我也不会让你好看到哪儿去。"于是,宋大摇大摆地走到灵公面前,用手指伸到郑灵公的鼎里,捞了块鼋肉,放到了嘴里得意地嚼着走了。郑灵公大怒,要处死公子宋。结果因为走漏了风声,郑灵公反倒被公子宋和公子归生给谋杀了。

这就是历史上有名的"食鼋构祸"的故事,郑灵公为了一块鼋肉而丢了性命,实在不值得。后来人们就用"染指于鼎"一语,比喻硬挤进去,参与饮宴;也用"染指"来比喻分取非分的利益。

孔子设计劝学

传说,在孔子办学的时候,有一个十分聪明的弟子深得他的喜爱,这个弟子叫颜琛。有一天,颜琛来找孔子请教问题。他刚走到窗前,就听到里面有人正在谈论他。仔细一听,原来是孔子和他的一个好朋友——东门长老在叙谈。东门长老说:"您不是说过,颜琛很聪明吗?"

"是有点聪明,不过,他没有苦学精神。"

"噢!那么他将来会有什么造就呢?"孔子低声说道:"他不愿苦学,我从来就没有指望他能成大材。"

"啊?"颜琛觉得大脑"嗡"的一声,就再也听不下去了。他扭头跑回卧室,用竹简留下句"三年以后再回来",便卷起铺盖回家了。

他回到家后,什么也没和媳妇说,就自己动手拾掇起书房来。从此以后,他就专心读书,发愤苦学。他心里一直憋着一口气:三年后,再让你孔老先生瞧瞧到底是谁不苦学?谁不能成材?

时间一晃,一年过去了。这一天,颜琛媳妇急匆匆跑进书房对颜琛说:"有客人来了。"颜琛头也没抬说:"不是说过了吗,什么客人也不见!"

媳妇把手一摊,说:"今天来的可不是一般的客人啊!"

"谁?"

"孔老先生!"

谁知,颜琛跟没听见一样,仍然没抬头,只是冷冷地说:"告诉他,我不

孔子圣迹图

在家。"

　　媳妇知道颜琛的犟脾气,只得向孔子撒谎说他不在家。孔子听了,微笑着说:"改日再来,改日再来。"

　　颜琛拒见孔子后,更加发愤了,吃饭时,也盯着书简,睡梦里,也喃喃吟诗。

　　眨眼之间,又是一年过去了。这一天,颜琛媳妇气喘吁吁地跑进书房说:"又来客了。"

　　颜琛责问她说:"我是怎么嘱咐你的?"

　　媳妇把脚一跺说:"今天,可是个特别的客人啊!"

　　"谁?"

　　"孔老先生。"

　　颜琛听了,仍然没有搁笔,毫不在意地说:"我病了。"

　　媳妇没办法,只好再次向孔子撒谎。孔子笑了笑,还是那句"改日再来"。

　　第三年的这一天,颜琛早早地起了床,刚到书房,他就见媳妇一步闯了进来。没等她站稳,颜琛就问道:"孔先生又来了?"

　　"嗯!"媳妇点头答应。

　　"快快请进来!"颜琛说完,就"噔噔噔"跑向大门外,急忙行跪拜行礼,然后,亲自把孔子迎了进来,请到了上座。与孔子同路而来的还有东门长老。

第二章 先秦时期的文人

孔子刚落座,就喜滋滋地拿出一块竹简,递到了颜琛面前。颜琛一看,是他当年写的"三年以后再回来"。

孔子说:"我按时来了。"

颜琛急忙站起身说:"我刚要收拾一下去见恩师,没想到您倒先来了。"说完,他抱过一大抱卷简往孔子面前一放,说:"恩师请您考吧!"

"好!"孔子答应了一声,便考问了起来。他专拣书中最难的问题提问,颜琛呢,不慌不忙,对答如流。

考了半天,孔子把书"啪"地一放,站起身,一把拉住颜琛的手说:"好!好!有志气呀!"接着,又转身对东门长老说:"在我的这三千弟子之中,颜琛可谓独占鳌头了。"

颜琛急忙向孔子深深施了一礼,诚心诚意地说:"三年前,我不辞而别,还望恩师恕罪呀。"

孔子笑道:"你是听到我们二人说你的坏话了吧!"

颜琛忙说:"不是坏话,是激励我苦学三年的宝贵之言呀!"

"宝贵之言?"孔子与东门长老一齐捻着胡须"哈哈哈"大笑起来。这一笑,笑得颜琛不知所措了。

东门长老对颜琛说:"你以为三年前孔先生真是在说你的坏话吗?"

孔子圣迹图

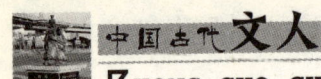

"这……"颜琛一时没词儿了。

"这是一计呀!"东门长老继续对颜琛说,"孔先生见你天资聪明,有志气,很是喜欢你。可是他觉察到你不善于独立思考,于是,就和我设了这么一个圈套。结果,你真的中计了。"孔子接过话茬说:"这样一来,不仅使你克服了不愿自学的毛病,同时也使你在三千弟子中终于夺得了魁首!"

颜琛一听,激动得什么话也说不出来了。他"扑嗵"一声在孔子面前跪下,"噔噔噔"地磕了三个头,以表示对恩师的感谢。

知识链接

卫姑定姜挥泪作诗

卫姑定姜是卫定公的夫人,公子的母亲。公子娶妻不久后便死了,他的妻子也没有孩子。三年后,定姜送媳妇回娘家,并亲自送到郊外。此时,定姜的心里很不是滋味。回想儿子与媳妇大婚时,自己与定公正襟危坐,接受小夫妻恭恭敬敬地礼拜,那份欣喜,那份满足,在此后的很长的一段时间里都回味不已。谁知天有不测风云,儿子竟然撒手人寰,只留下新婚不久的儿媳每日偷偷垂泪。定姜十分不忍,她常常劝慰媳妇,引导她慢慢地走出丧夫的阴影。

三年多的朝夕相处,定姜与儿媳的感情已经相当深厚了,想到今日一旦分别,不知何时才能够再见,定姜心中泛起阵阵悲伤与痛楚。定姜知道,这其中既有对儿媳的疼爱,也有对亡儿的哀思。望着渐渐远去的儿媳,回想婆媳俩几年间的相濡以沫的真情,定姜泪如雨下,强忍心中的悲痛,挥泪作诗一首:

燕燕于飞,差池其羽。
之子于归,远送于野。
瞻望不及,泣涕如雨。

诗的大意是说,天空中那一只只腾跃翻飞的燕子啊,你们自顾舒展着参差不齐的羽毛,你们是否知道,此时有个伤心的人儿要回归。我站在高处不住地张望,眼中的泪珠儿已经流淌得像落雨一样。

回宫的路上,定姜走走停停,不时回过头去张望,车子载着儿媳早已不见了踪影,可怜定姜朝前走几步,再转过身来兀自哭泣。不知儿媳妇此

第二章 先秦时期的文人

去将来命运如何,也不知道自己的肩头以后还要承担多少重负。定姜默默祈祷上天,保佑儿媳妇能有一个好的归宿,保佑婆媳见面之日早些到来。她最后望了望媳妇远去的方向,再次作诗道:"先君之思,以畜寡人。"

君子有感于定姜的仁慈,称定姜为慈姑。

墨子制止战争

《墨子·贵义》,有这样一段话,墨子说:"世间万事万物没有比义更珍贵的了。现在对人说:'送给你帽子和鞋,但是要砍断你的手脚,你会同意吗?'那人一定不会同意的。为什么呢?那是因为鞋帽不如手足珍贵。又说:'送给你天下,但要杀死你,你会同意吗?'那人也一定不会同意。为什么呢?那是因为天下不如性命珍贵啊。为了争辩一句话而互相残杀,那是因为把义看得比自己的性命还要珍贵啊!所以说:世间万事万物没有比义更珍贵的了。"

墨子是春秋时期伟大的思想家、墨家学派的创始人。根据《庄子·天下》的记载,他把治理洪水的大禹作为崇拜的偶像,遂带着门人穿简朴的衣服,吃粗茶淡饭,日日夜夜辛苦地劳动。同时,墨子又特别提倡"义",主张"万事莫贵于义",人们的一切言论和行动,都要服从于义。他批评一般的人只是在嘴上说仁义道德,但在实际上却不能做到,而他本人则勇于行义,四处奔走,以阻止不义的战争。

墨子行义,最著名的故事就是止楚攻宋。这个故事记载在《墨子·鲁问》中。他听说楚国要利用云梯去侵略宋国,就急急忙忙地亲自跑到楚国去,跑得脚底起了泡,出了血,他就把自己的衣服撕下一块裹着脚走。这样奔走了十天十夜,终于到了楚国的都城郢都。

墨子先去见为楚王造云梯的公输般,对公输般说:"北方有个人侮辱了我,你帮我杀了他吧。"公输般很不高兴。墨子又说:"我会付给你十两金作为报酬。"公输般生气地说:"杀人这种不义的事情我不做。"于是墨子质问道:"听说你为楚王制造了云梯来攻打宋国。宋国的百姓犯了什么过错?去伤害那些无辜的百姓,这不也是不义的事情吗?"公输般说:"不行呀,我已经答应楚王了。"墨子就要求公输般带他去见楚王,公输般答应了。

墨子

在楚王面前，墨子很诚恳地说："楚国土地很大，方圆五千里，地大物博；宋国土地不过五百里，土地并不好，物产也不丰富。大王为什么有了华贵的车马，还要去偷人家的破车呢？为什么要扔了自己绣花绸袍，去偷人家的一件旧短褂子呢？"

楚王虽然觉得墨子说得有道理，但还是不肯放弃攻打宋国的打算。公输般也认为用云梯攻城很有把握。墨子直截了当地说："你能攻，我能守，你也占不了便宜。"他解下了身上系着的皮带，在地下围着当做城墙，再拿几块小木板当做攻城的工具，叫公输般来演习一下，比一比本领。

公输般采用一种方法攻城，墨子就能找出相应的守城方法。公输般用了九套攻法，把攻城的方法都使完了，没能攻下城来，可是墨子还有好些守城的高招没有使出来。公输般呆住了，但是心里还不服气，他说："我想出了办法来对付你，不过现在不说。"墨子微微一笑说："我知道你想怎样来对付我，不过我也不说。"

楚王听两人说话像打哑谜一样，莫名其妙，问墨子说："你们究竟在说什么？"墨子说："公输般的意思很清楚，不过是想把我杀掉，以为杀了我，宋国就没有人帮助他们守城了。其实他打错了主意。我来到楚国之前，早已派了禽滑釐等三百个徒弟守住宋城，他们每一个人都学会了我的守城办法。即使把我杀了，楚国也是占不到任何便宜的。"楚王听了墨子一番话，又亲眼看到墨子守城的本领，知道要打胜宋国没有希望，只好说："先生的话说得对，我决定不进攻宋国了。"这样，一场战争就被墨子阻止了。

墨子所做的这些事，完全是为了实践自己的主张，带有一种为"义"而奋斗的献身精神。他心中的"义"就是制止战争，让百姓安居乐业。他一生都坚持这样做，不求名，不求利，自甘清苦，只求"义"的实现。因此，他的事迹被后人广为传颂、景仰。

第二章 先秦时期的文人

知识链接

高山流水谢知音

伯牙与钟子期是好朋友，他们都精通乐理。伯牙善于弹琴，钟子期则善于鉴赏。一天晚上，月朗星稀，清风徐徐，伯牙从屋里搬出琴摆放在院子里，说是新编了一支曲子要演奏给钟子期听。曲子刚开始时，伯牙弹奏得高亢激昂，表现出攀登高山的志向，钟子期说："弹得太好了，就像高山一样巍峨！"过了一会

俞伯牙台

儿，琴声从激越转为舒缓，表现出随流水奔涌的志向，钟子期又说："弹得太好了，就像流水一样激荡！"

几年后，钟子期的家人忽然差人送来钟子期去世的消息，伯牙闻讯痛哭失声。他操起琴重又弹奏起那首钟子期爱听的曲子，一曲未竟，琴弦断了两根，伯牙举起一柄铁斧将琴击破，从此终身不再弹琴。有人问起此事，伯牙认为知音已逝，世上再没有值得让他为之弹琴的人了。后世常以"高山流水"比喻知音或知己。

礼贤下士与文人命运

《吕氏春秋·察贤》说："魏文侯师卜子夏，友田子方，礼段干木，国治身逸。"诸侯以文人为师，这在以前是从未有过。魏文侯名斯（一说名都），是战国初年魏国的国君。魏文侯于公元前445—前396年在位。魏国是从晋国分出来的，就是韩赵魏三家异姓大夫瓜分晋国而出现的魏国。这样出现的诸侯相对于周王朝的册封，当然不是正统；而三家分晋，由一国而分成三国，每一家相较于其他诸侯国又为弱小，要想存在，首要就是增强实力，正如钱穆先生所言："魏文侯以大夫僭国，礼贤下士，以收人望，邀誉于诸侯，游士依以发迹，实开战国养士之风。"

关于魏文侯礼贤下士之说，史料多有记载，在《吕氏春秋》的另一篇

礼贤下士塑像

《举难》中也有："文侯师子夏，友田子方，敬段干木，此名之所以过桓公也。"司马迁也说："文侯受子夏经艺，客段干木，过其闾，未尝不轼也。"魏文侯以子夏为师学经艺，以田子方为友，还以礼客段干木，并经过段干木的乡里，没有一次不从车中起立，扶轼以示尊敬。这与孔子游说诸侯时的"累若丧家之狗"真有天壤之别。

  文人与当政者的关系大变，变到文人对诸侯国君可以居高临下地讲话。这根本原因是因为那个剧烈兼并的时代，这样的时代才造就出这样礼贤下士的局面，而这样的局面却是充满功利性的。在诸侯国君一方，为了保住自己的统治同时也是为了保住整个家族性命，就必需招揽人才，使得国富兵强。在诸子文人这一方，正是由于诸侯国君这种功利性的目的，才为文人造就了一种功利性的契机：入仕致富的道路宽广了，施展才能的环境扩大了，有史以来第一次可以很气势地奔走在这条路上了。

  然而，既然是诸侯国君为文人创造的契机，当然这种契机还由诸侯国君掌握，礼贤下士只不过是一种手段而已。文人一旦被这种手段所掌握，他们也就成为王朝的一部分。且田氏篡齐后，齐威王与魏惠王的一段对话：魏惠王问曰："王亦有宝乎？"威王曰："无有。"魏王曰："若寡人国小也，尚有径寸之珠照车前后各十二乘者十二枚，奈何以万乘之国而无宝乎？"威王曰："寡人之所以为宝与王异。吾臣有檀子者，使守南城，则楚人不敢为寇东取，泗上十二诸侯皆来朝。吾臣有盼子者，使守高唐，则赵人不敢东渔于河。吾吏有黔夫者，使守徐州，则燕人祭北门，赵人祭西门，徙而从者七千余家。吾臣有种首者，使备盗贼，则道不拾遗。将发照千里，岂特十二乘哉！"文人一旦进入诸侯的王朝，在国君的眼里就等同于国君的私有宝物。既是国君的宝物，国君当然就有全部的占有权力。别说是文人的独立性，就是文人的性命，也掌握在国君的手里。你看商鞅等变法的文人大多没有好下场，这也正是由于礼贤下士中含有强烈的功利目的。功利目的使国君礼贤下士，礼贤下士也为了达到功利目的，文人在这种圈子中，其命运都不可预知。

知识链接

东道主

春秋时期，晋国公子重耳曾逃亡国外。途经郑国时，郑国国君嫌弃他是逃亡者，没有给他应得的礼遇。重耳深以为耻，发誓有机会一定要报仇雪恨。19年后，重耳终于迎来了转机，他回到祖国并且做了晋国的国君，史称晋文公。同年，他联合秦国攻打郑国。

兵临城下，情势十分危急。郑国大夫佚之孤向郑文公进谏，说可以请烛之武劝说秦穆公退兵，如果办法行得通，定可解郑国之围。郑文公听说，即刻派人去请烛之武，并趁着天黑，用一根粗绳将烛之武从城头上吊送出城。

烛之武出城后直奔秦军营，他乔装改扮，神不知鬼不觉地溜进了秦军的营寨。一见到秦穆公，烛之武就说："秦晋联军的力量很强，郑国兵少将寡，一旦打起来，郑国肯定不是对手。我们来分析一下，郑国紧挨着晋国，晋国又与秦国相邻，很显然在地理位置上，晋国处于郑国和秦国的中间地带。这样，郑国灭亡后，土地一定会被晋国据为己有，而秦国只能望洋兴叹。如此一来，晋国的国势势必要略强于秦国呀！晋国这次得手，您能保证他不去攻打秦国吗？您是一位具有远见卓识的圣明国君，难道您愿意做对自己毫无益处的事情吗？假使您让郑国来做东道主，那么秦使者每次经过郑国，郑国一定尽地主之谊，盛情地款待上宾，这对您、对郑国都没有什么不好呀！"秦穆公听了烛之武的话，连连点头，当晚就拔寨撤兵。

由于郑国位于秦国以东，所以烛之武就称郑国在接待秦使者时为"东道主"。以后，人们用"东道主"一词泛指接待宾客的主人，也称为"东道主人"。

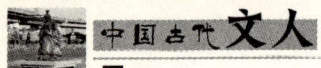

第二节
战国时期的文人

列子的故事

列子，名御寇，又作列圄寇、列圉寇，生活时代大约在老子的弟子尹喜之后、庄子之前，是战国时期著名的道家学派思想家。列子死后，他的后学根据各自的所见所闻，把列子的有关思想、言行收集起来，编辑为《列子》一书。到了唐代，《列子》被尊做《冲虚真经》，成为道教信徒必读的经典之一。

1. 列子射箭

据说列子善于射箭。有一次，他为伯昏无人表演射箭。他拉满弓的时候，胳膊肘上还能纹丝不动地放一杯水；当他发箭时，一箭连着一箭，且箭箭射中靶心。此时的列子，就像木偶一般屹立不动。

伯昏无人说："你这种射法，是有心于射箭的射法，并非无心于射箭的射法。假如我同你一起登上高山，站在高耸的石崖上，面临着百丈深渊，你还能射箭吗？"

于是伯昏无人就带着列子登上了高山，站在高耸的石崖边上，面对着百丈深渊。然后伯昏无人背对着深渊，向后退行，双脚有一大半悬在石崖之外。他向列子拱了拱手，请列子朝前走来，而列子早已经吓得趴在地上，冷汗一直流到了脚后跟。

伯昏无人说："那些精神境界达到高远的人，上可以窥测于苍天，下可以潜行于黄泉，他们逍遥自在地奔驰于四面八方，而神色不变。而你现在却头

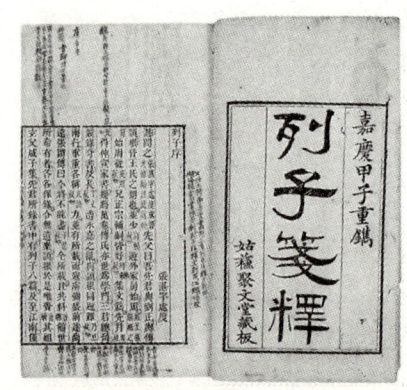

《列子笺释》书影

第二章 先秦时期的文人

晕目眩,恐惧万分,在这种情况下,你要想射中目标,大概是太困难了吧!"

列子由此得到了很深的感悟。

 2. 列子与看相人

传说郑国有一位看相十分灵验的巫师叫季成。他能够通过观察一个人的相貌,预测这个人的生死存亡、祸福寿夭,并能准确地推断事情发生的年、月、日,应验如神。郑国人见了季成,都纷纷躲开,担心他的预测会给自己带来沉重的心理负担。

而列子见了季成后,却对他崇拜得五体投地。列子回去告诉他的老师壶子,说:"以前我以为老师您的道行最高深,想不到现在却又有比您的道行更高深的人了。"接着他就把季成的看相本领详细地描述了一番。

壶子听后很不以为然,说:"我过去教给你的只是大道的皮毛,还不是大道的精髓,而你还自以为真的得道了。你用你学到的皮毛知识与世俗人相互辩论、相互抗争,自然会流露出你的真实情况。所以季成一眼就能把你看穿,就能预测你未来的命运。你把季成叫来,让他给我看看相。"

第二天,列子就陪着季成来见壶子。季成从壶子家中出来后,对列子说:"大事不好了,你的老师快要死了,他活不到十天了!我看到他临死前的各种奇怪征兆,他的神色就像水湿过的灰烬一样毫无生机。"

列子听了以后,伤心极了,哭得眼泪都沾湿了衣襟。他赶紧回去把季成的话告诉了壶子。

壶子一听,不仅一点也不伤心,反而狡黠地笑了,说:"刚才我让他看到的是阴静死寂的神情,我的表情茫茫然一动不动,他大概以为我没有生机了,让他明天再来。"

由于壶子每次装出的神情都不同,使季成无法把握到他的真实情况,结果在以后的几天里季成一会儿说壶子还有一线生机,一会儿又坦率地承认自己观相不准。

最后一次,季成进了壶子的家,还没有来得及站稳,就惊慌失措地跑了。壶子对列子说:"你去把他给我追回来!"列子慌慌张张地追出去,而季成早已跑得无影无踪了。列子回来对季成说:"他跑得好快,连个影子也看不见了。"

壶子说:"刚才我让他看到的不是我的本来面目,我对他虚以委蛇、随机应变,顺着他的变化而变化,让他根本无法捉摸,所以他只好逃走了。"

列子听了这番话以后,这才深深感到自己根本没有学到大道的精髓。从此以后,他回到自己的家中,整整三年没有再出过门。

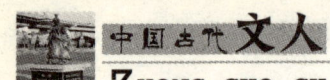

3. 拒绝权臣资助

列子的生活非常贫穷，常常饿得面黄肌瘦。有人看到这一情形，就对郑国的权臣子阳说："列御寇先生是一位有道之士，他现在居住在您的国家里却穷困无比，别人会说您不能礼贤下士的。"

子阳听到有人反映这个情况后，为了不落下一个坏名声，便派人送去了许多粮食。列子见到了送粮人送粮食而来，反复表示感谢，但拒绝接受粮食。送粮人无奈，只得把粮食又带了回去。

对此他妻子非常生气地对他说："我听说当有道之士的妻子，生活是非常快乐的。然而我跟着您，却一直挨饿受冻。现在总算有人送来了粮食，而您却又不要。难道我命中注定要跟着您受苦吗？"列子笑着解释，说："子阳并不了解我。因为有人在他面前讲了我几句好话，所以他就派人给我们送来了粮食。如果将来有人在他的面前再说我几句坏话，他照样会相信而治我的罪，依我看，还是不要他的粮食为好。"

此后不久，郑国发生动乱，子阳被杀。列子因为与子阳没有任何关系，所以躲过了这一劫。

孟母三迁为择邻

孟子，名轲，是战国时代继孔子之后的又一个儒家大师。他的学说与孔子的思想被后人合称为"孔孟之道"，成为延续封建统治几千年的精神支柱。据说，孟子的成长与他的母亲有很大的关系。孟子的父亲在孟子很小的时候就去世了，母子二人相依为命。孟母虽然没有太多文化，但却非常重视孟子的教育。

开始，孟子家毗邻一片小树林，树林旁边是一块墓地。孟轲经常看到埋葬死者时举行的丧葬仪式，仪式结束后，孟轲就和小朋友们在墓地做丧葬之类的游戏。他们有的挖坑，有的用黏土捏假死人，有的扮作吹鼓手嘀嘀答答地吹打，还有的装作孝子孝妇跪在土堆前哭哭啼啼，游戏做得像模像样，招来附近的很多人来观看。孟母听说了，把孟轲叫到面前，结结实实地把他教训了一通，并说，孟家世代以读书为业，只是到了祖父才家道中落，被迫从富庶的鲁国搬到这里。虽说父亲早亡，但孟轲也不能以此为借口就放松了对自己的要求，每天和一帮无事可做的小孩呆在一起做一些无聊的游戏，不是孟轲应该做的事情。孟轲听了母亲的话，十分惭愧，发誓刻苦读书，将来做一个有出息的人。

为了给孟轲提供一个更好的学习环境，孟母咬咬牙，把家搬到了城里。不料，新居靠近集市，门前整日人来人往，吆喝声、马蹄声、人们的谈话声不绝于耳。孟轲每天坐在窗前读书，看着熙来攘往的人群和大街上热闹的叫卖，他终于坐不

第二章 先秦时期的文人

住了。一天，趁母亲不在家，孟轲悄悄溜出家门。在集市上，孟轲结识了一群新伙伴，从此，大家常在一起做扮商人做买卖之类的游戏，孟轲能言善辩，他扮的顾客常常以最低的价钱拿到"商人"们手里质量最优的货物，伙伴们都佩服孟轲的口才，孟轲非常得意，常以此作为炫耀的资本。

孟母知道了，没有再责打孟轲，她认为这儿也不是合适的居处，于是，狠狠心又一次作出搬家的决定。这次，她把家搬到学宫旁边。远离了喧嚣的闹市，孟轲的心一下子平静了许多，他坐

孟子肖像邮票

在家里读书，有时一读就是一整天。孟母看在眼里，乐在心头，她庆幸自己的决定正确，虽说生活艰难，但这儿的环境对孟轲的学习与成长极有好处。

孟轲是个聪慧的孩子，看到学宫里的孩子跟着老师演习祭祀和揖让进退等各种礼节，他就默默地记在心里，回家以后照着样子仔细演练。孟母十分高兴，此后，她更加节衣缩食，终于将孟轲送进了学宫。在学宫里，孟轲接受了孔子思想的系统教育，并在以后的岁月中潜心研究孔子及儒家经典，传承和发展了儒家学说。

后世人们根据上面的故事归纳出"孟母三迁"这个成语，以此作为对孟母的褒扬，也用"孟母择邻"来表示慈母严格要求子女，教子有方。

《孟子》共7篇，记述孟轲的言行，由孟子本人和门徒共同完成。在先秦诸子中，《孟子》与《庄子》是文学性最强的。《孟子》不仅从逻辑上说明道理，而且具有强烈的感情色彩，它善于用比喻说理，有时是短小的比喻，有时是完整的小故事、寓言，如"揠苗助长"、"五十步笑百步"、"再作冯妇"等，都成为后世常见的成语。《孟子》的散文对后世影响十分深远。另外，孟子关于如何理解古诗和个人修养的一些见解，对后代文学批评也产生了重要的影响，他说，读古人之诗，要"知人论世"，要"以意逆志"，都是很精辟的见解，是后世文学批评中重要的原则。

浪漫的爱国诗人——屈原

屈原，战国时期楚国人，生于公元前340年，卒于公元前278年。中国历史上第一位伟大的诗人。他创造的新的诗歌形式，对后世创作产生了深远的影响，其洁身自好的人格和爱国忧民的情怀，同他的作品一样光照千古。

屈原是中国战国时期著名的文学家、政治家，伟大的爱国者。屈原还是

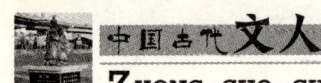

我国伟大的浪漫主义诗人,他是文学史上第一个成功用楚辞(楚地民歌)进行写作的作家。

屈原名平,字原,出身于楚国贵族。从小受过良好的教育。屈原从小就非常聪明,读书很多又十分勤奋,他有着惊人的记忆力,能过目不忘,口才也很好。更重要的是,他十分关心天下大事,有理想,有远见。西汉史学家司马迁在《史记·屈原贾生列传》中称赞他年轻时"博闻强志,明于治乱,娴于辞令"。

屈原年轻时,家道已萧条冷落,和楚王的亲属关系也已经比较疏远。但他毕竟跟楚王同姓,再加上才华横溢,又有良好的口才,因而有条件在楚王左右侍奉。22岁时,屈原由文学侍臣擢升为左徒,从而跻身于楚国高级领导集团之中。左图是反次于最高令尹的官职。屈原所处的时代是战国后期,正是诸侯国之间的战争最激烈的时候。经过商鞅变法后的秦国实力最强,而楚国也是一个大国。出身贵族的屈原怀抱着一腔改革内政、振兴楚国的热忱,渴望实现自己的"美政"主张,由强盛的祖国来统一六国。据《史记》记载,他"博闻强志,明于治乱",非常善于外交辞令,掌管着楚国的内政外交,在当时楚国的政治舞台上是一个非常杰出的人才。他的主张是制定宪令,并联齐抗秦,在秦国特别强大的情势下,这是一个明智的策略。

但当时楚国内部小人横行。《史记》上说,有一次,怀王命他草拟法令,稿子还未写好,一个素来嫉妒他的同僚上官大夫看见了,就想夺过去看。这是一个尚未决定好的国家机密,屈原如何肯给,上官大夫因此怀恨在心,就

屈子祠离骚阁碑亭

第二章 先秦时期的文人

在楚怀王面前搬弄是非,说每次法令颁布出来,屈原总是夸口说,要是没有他,谁也办不了。怀王听信此言后,就疏远了屈原。

后来秦派张仪出使楚国,张仪勾结和贿赂了楚怀王的小儿子子兰、宠妃郑袖,破坏了齐楚联盟。后来屈原被派往齐国联盟,但无功而返。怀王虽恨张仪入骨,但当张仪再到楚国来时,怀王却听信了郑袖的话,竟然放了张仪。刚从齐国回来的屈原问怀王为什么不杀了张仪,反而听信谗言?怀王追悔莫及。怀王二十四年(前305年),昏庸的怀王后来竟与秦国联姻。屈原联齐抗秦的政治主张失败了。大概就在这个时候,屈原被第一次放逐,地点是汉北,即汉水上游,在今湖北一带。

怀王二十八年(前301年),秦伐楚,占领八城,诱骗怀王到秦国会盟。以子兰为代表的贵族集团怕失去秦国的欢心,力劝怀王赴约。屈原等人认为秦国是虎狼之国,不可信,不可前去。但怀王在子兰的怂恿下,还是去了。结果一去就因不肯割地,被扣留不放,三年后,竟死在了秦国。

襄王即位后,子兰继续当权,使上官大夫再次在襄王面前进谗言,襄王"怒而迁之",屈原遭到了第二次流放,被放逐于江南。路途艰险,环境恶劣,诗人的身心受到了巨大的创伤。在放逐途中,他一刻也没有忘记要返回故都郢,写下了"鸟飞返故乡兮,狐死必首丘(意思是:鸟终究要飞还故乡,狐狸死了头要朝着它的出生地)"的诗句。

襄王二十一年(前278年),秦将白起攻破楚都郢。次年,秦兵大至,攻陷楚国巫郡,情势危急。漂泊了多年也不愿离开故土的屈原,在农历五月初来到了长沙东北的汨罗江边,自沉于江中。

屈原铜像

每年的端午节是我国的传统节日,有吃粽子、赛龙舟的风俗。相传就是为了祭奠和纪念屈原。

屈原不但是一个伟大的爱国者,还是一个优秀的文学家。他继承并发展了中国有史以来至战国时代南方文化的优良传统,创立了新诗体——楚辞。这种诗体有着浓厚的地域文化色彩,用绮丽的文辞,蕴涵复杂的思想,表达丰富的思想情感,洋溢着浓厚的神话色彩和浪漫主义色彩。屈原的作品有《离骚》《九章》《九歌》《天问》等。其中最重要的代表作品是《离骚》。全诗370多句,2400余字,是在楚国民间歌谣的基础上创建的一种新诗体。它是屈原在政治上遭受挫折后,对过去和未来的思考,也是他自己这个崇高而痛苦的灵魂的自传。

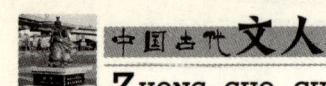

屈原开创楚辞，与《诗经》共同构成了中国诗歌乃至整个中国文学的两大源头，对后世文学产生了无穷的影响。

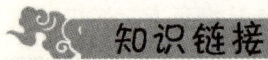

屈原投江

屈原被楚王放逐后，心情抑郁，久久不能释怀，他不能理解国难当头，楚王为什么不想办法重震国威，而还要亲小人、远贤臣呢？

一天，脸色憔悴、容貌枯槁的屈原来到汨罗江畔。他在岸上边走边吟诗，任江风吹乱披散的头发，撩起敞开的衣襟。他的举动引起江上一个渔夫的注意，渔夫将船靠了岸，见到他就关切地询问："您不就是三闾大夫吗？怎么会落魄到这般地步呢？"

屈原说："老人家，您别再叫我三闾大夫了，如今，我只是一个囚犯，一个被楚王放逐的囚犯！那些奸佞小人整日陪着楚王喝酒作乐，哪管国家的安危！他们个个只顾保全自己的身家性命，哪管百姓的死活！我的禀性、抱负与他们不同，他们就排挤我，让楚王罢我的官、革我的职，把我放逐到这儿来。老人家，整个世界混浊不堪，只有我一个人是清白的呀！众人皆醉我独醒，老天哪，谁能告诉我，楚国的出路到底在哪里？"

渔夫劝慰他说："圣人做事并不拘泥刻板，聪明人心胸开阔，能够同世道一起前进。世界是混浊的，你为什么不随波逐流呢？世上的人都烂醉如泥，你为什么不也跟着喝个痛快呢？为什么还要固执地坚守自己的美德，以致于被放逐呢？"

望着奔流不息的江水，屈原大声说："不，绝不！我宁可投入长河，葬身鱼腹之中，也绝不让洁净的身体蒙受俗世的尘埃！"于是他写下《怀沙》这首诗，就怀抱一块大石跳进了汨罗江。

不受世俗牵累的庄子

庄子（公元前369—前286年），名周，宋国蒙城（今河南省商丘县东北）人。自幼家贫，做过漆园小吏。他最崇拜的是老子的道家之学。他虽学

第二章 先秦时期的文人

识渊博,但却生不逢时,后辞官归隐。庄子是中国历史上著名的思想家,也是道家学派的主要创始人之一。他写有《庄子》一书,他的思想对中国传统的哲学、文学、宗教、艺术都产生了巨大而深远的影响。

庄子最崇尚的是老子的道家之学,虽然他学识渊博,但却生不逢时,因此,连个漆园小吏也不愿做,便辞官归隐了。

辞官后的庄子生活窘迫,常有断炊之虞,不得不向人借米度日。庄子是一个交游很广的人,在社会上的名气很大。有一次他去拜访魏王,尽管事前刻意准备了一番,但也只是穿着带有补丁的粗麻衣服,仅仅整理一下腰带、绑绑鞋子而已。魏王见到他这副模样,也觉得他太寒酸了。

由于对时代和社会有切肤的感受,所以庄子始终抱着与统治者不合作的态度。楚威王听说庄子才识渊博,便有意拜他为相,专门派使者带上丰厚的钱财去聘请他。但庄子见后哈哈大笑,对使者说:"我听说楚国有一只神龟,已经死了三千年,楚王仍然将其包好藏在庙堂之上。你说,是做个死龟,留下骨架让人供奉好呢,还是活着隐居于污泥之中好呢?"使者说:"那当然是活着好啦。"庄子说:"那么你可以回去禀告楚王,我宁可活在隐居于污泥之中。"

后来楚王再次派使者带着重金劝说庄子出来做官。庄子对使者说:"楚王带来的重金确实很诱人,许给我的官位也很尊贵。但是你见过太庙里的祭品牛吗?它活着的时候身披彩绸、吃上好的饲料,而一旦进了太庙,就算想离开做个普通的牛,也难能办到吧?"所以他又一次拒绝了楚王的聘请。

庄子不仅视权贵如粪土,而且极度厌恶那些有权力欲的人。他和施辩名惠家原是好朋友,当惠施在大梁为相时,庄子前去拜访他。然而惠施事前听人说,

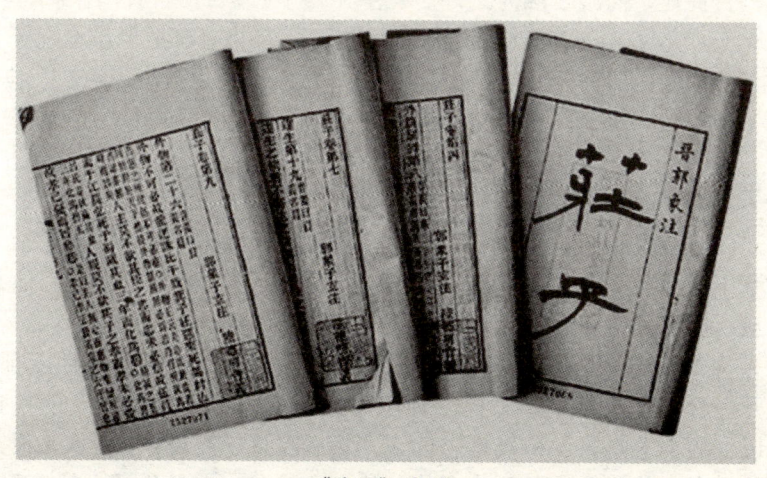

《庄子》书影

庄子肖像邮票

庄子是冲着他的相位来的,十分担心庄子有取而代之的意思,因此派人在国中整整搜查了三天三夜,想捉拿庄子。看到惠施这副势利相,庄子真是又好气又好笑,便向惠施讲了一个故事:一种名叫宛雏的南方鸟,从南海出发飞往北海,一路上非梧桐不栖,非练实不食,非甘泉不饮。鹞鹰得到一只腐烂的死鼠,十分得意,正要享用时,宛雏从它的头上飞过。鹞鹰以为宛雏要与自己争食死鼠,惊恐地"哎呀"了一声,紧紧地把死鼠捂住。其实,宛雏之志岂在死鼠呢。在这个故事里,庄子用宛雏表示自己的高洁,以鹞鹰和死鼠比喻惠施担心自己的相位。

一次,庄子和惠施在濠梁之上观鱼。庄子说:"你看那些水中的鱼游得多快乐啊!"惠施说:"你又不是鱼,你怎么会知道鱼的快乐呢?"庄子反驳他说:"你又不是我,你怎么知道我不知鱼的快乐呢?"

庄子向往那种能达到忘却是非、挣脱名利枷锁、不受任何世俗牵累、精神自由快乐的人生境界。他把这样的人称为"至人",并说:"至人神矣,人泽焚而不能热,河汉冱而不能寒,疾雷破山,飘风振海而不能惊。若然者,乘云气,骑日月,而游乎四海之外。死生无变于己,而况利害之端乎!"

由于庄子继承和发展了老子的道家思想,后来的道家把老子与庄子并称为"老庄"。在道教中,庄子被奉为真人,他写的《庄子》也被奉为道教经典。到了唐天宝六年(747年),庄子被诏封为"南华真人",《庄子》诏号为《南华真经》。

法家学说的代表——韩非

关于韩非的生年并没有明确的史料记载,一般认为他生于公元前280年前后,卒于公元前233年。先秦法家思想集大成者,政治理论家。他总结前人的思想,提出了一整套法、术、势相结合的法治理论。

公元前246年,嬴政还是秦国国君的时候,一个大臣送给他一册竹简。嬴政展开一看,是几篇关于怎样治理国家的文章,他被那些精彩的论述吸引住了,饭也顾不上吃,一口气把它读完,然后叹息一声说:"我从来没有读过这么好的文章,如果我能见到作者,和他交个朋友,就是死了也甘心啊!"

第二章 先秦时期的文人

这个让秦始皇如此仰慕的人就是韩非,子是对他的尊称。韩非是战国时期韩国的公子,著名的思想家,法家学派的代表人物。当时思想界出现了百家争鸣的局面,儒家和法家都是很有影响力的学派,两家的思想分歧很大,经常发生激烈的争论。儒生们认为,人类最理想的时代是古代,按古人的方法治理国家,天下才会太平。一天,一个头戴高帽的儒生来找韩非辩论,他问韩非:

"尧、舜、禹、文王、武王的时代都是太平盛世,为什么不按先王的方法治国呢?"韩非说:"上古时期,猛兽很多,有巢氏教人们住在树上,但是到了夏朝,如果有人再住在树上,人们就要笑话他了。"

接着韩非又给儒生讲了一个故事:"宋国有一个农夫,看见一只野兔撞死在一个树桩上,他把野兔捡回去美美地吃了一顿,从此他就不再种田了,每天守在树桩旁等着野兔来撞死,结果野兔没有捡到,田地也荒废了。"讲完故事,韩非说:"时代变了,治国的方法也应该改变,否则不是和那个农夫一样傻吗?"

当时的秦国非常强大,不停地发动战争,想吞并其他国家。韩国和秦国相邻,面对秦国的威胁,韩国从国君到百姓都感到很不安。看到这种情况,韩非多次向韩王提议进行政治改革。韩王每次听完韩非的理论,都会大大赞扬一番,但却从来不按他的方法去做。

嬴政读了韩非的文章,非常想见到他。大臣李斯说:"韩非是韩国的公子,我和他一起在荀子门下读过书。大王要见他,只要派使者去韩国把他召来就是了。"

嬴政大喜,立即派使者去韩国请韩非。韩王这才意识到韩非的价值,他不舍得把这么好的人才送给秦国,就拒绝了嬴政的要求。嬴政立刻派出十万大军包围了韩国的都城宜阳。韩王害怕了,只好交出韩非。嬴政见到韩非,非常高兴,一连几天谁也不见,单独和韩非在一起,听他阐述政治见解。嬴政经常向韩非请教一些多年没有想明白的问题,韩非的见解常常让他茅塞顿开。

李斯见嬴政如此重视韩非,心里嫉妒起来。他知道自己的才能不如韩非,韩非在秦国时间长了,地位肯定会超过自己,要保住自己的地位,唯一的办法就是除掉韩非。一天,李斯对嬴政说:"韩非是韩国的公子,心里终究是向着韩国的,如今大王要兼并诸侯,韩非恐怕不会真心实意为秦国着想。"

嬴政觉得李斯说的有道理,就想把韩非送回韩国。李斯又说韩非是很有才能的人,如果把他送回去肯定对秦国不利,要杜绝后患,最好把韩非杀了。嬴政不想杀韩非,也不想放他回去,就把他关了起来。韩非想找嬴政申辩,但李斯百般阻挠,不让他见嬴政。在韩非绝望之际,李斯派人给韩非送来一碗毒酒,韩非就在狱中服毒自尽了。韩非死后,嬴政用他的法制思想治理国家,使秦国越来越强大,最后吞并六国,统一了天下。

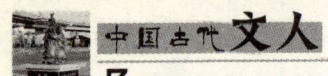

苏秦刺骨

苏秦，字季子，是战国时期著名的辩士。苏秦生活的年代是中国历史上一个较为特殊的时期，战争的烽烟笼罩着华夏大地，齐、楚、燕、赵、韩、魏、秦等诸侯并起，纷争天下。习武者，希望驰骋疆场建功立业；学文者，则苦读诗书，四方游说，梦想为君王所用。年轻的苏秦正是属于后者。

苏秦排行第五，他的四个哥哥都是当时著名的游说之士，父母、家人皆以此为荣。苏秦在哥哥们的影响下，认为做个游说家便可以平步青云，兼济天下。因此，在草草地读了几本书之后，便毅然踏上了游说之路。他先来到秦国，企图说服秦惠王实行连横之策，兼并六国，统一天下。秦惠王对这个年轻的说客很感兴趣，他觉得苏秦很有做辩士的潜质，只是学问太少，阅历太浅，假以时日再多一些历练，苏秦一定会成为一名出色的辩士。秦惠王不忍心正面回绝苏秦，便委婉地表达了自己的想法："我们秦国流行着这样的一句话：雏鸟在羽翼未丰时，是不能展翅高飞的。你还年轻，那么就让我们一起再努力几年，等到翅膀长硬了，我一定亲自登门向先生请教。"苏秦受到这样的冷遇，知道秦惠王不想用他，却仍不愿放弃，多次写信陈述自己的观点，但始终不为秦惠王所用。随后，苏秦又到了齐、赵等国游说，遭遇了同样的境况。无奈，只得扫兴而归。

苏秦两手空空地回到家。他的父母、嫂嫂、妻子都认为他没有出息，嫂子们嗤笑他说："你不是嫌哥哥们的官职太小，说不做便罢，要做官就得做大官吗？怎么，你在外面游说了好几年，为什么没有看见你得个一官半职回来？什么本事都没有，还跑去给人家献国策，哼，真是痴心妄想！"妻子本来打算再也不要理睬苏秦，可是看见他四处碰壁却仍然不知道原因的可悲样子，忍不住劝道："你以为做游说家只需要动动脑筋，动动嘴巴吗？你完全想错了。"听了妻子的话，苏秦幡然醒悟，原来，无论做什么事情，没有真才实学都是不行的。从此，苏秦闭门不出，发愤读书。

苏秦日以继夜地伏案苦读，常常读书到深夜。有时困得实在撑不住了，就趴在书桌上睡一会儿。一觉醒来已是天亮，苏秦为此常自责不已。怎样解决这个难题呢？一次，苏秦偶然看见妻子做鞋子用的锥子，便心生一计。以后，每当夜间读书时，苏秦就随身带上一把锥子，等到打瞌睡时，就猛刺一下大腿，虽然鲜血直流，却再没有了睡意。苏秦就是用这种办法来振作精神，坚持学习。这样，用了不到一年的时间，苏秦便掌握了《太公阴符》的谋略。又过了一年，苏秦遍览群书，终于获得了渊博的知识，于是，信心十足的苏秦收拾行李，再次踏上了游说之路。这次像预期的一样，苏秦取得了空前的成功，他的足迹和名声遍布于当时各国。

秦汉魏晋时期的文人

　　秦汉是中华文化发展的重要时期,出现了司马相如等汉赋大家,历史文学也光彩照人,如司马迁的《史记》。魏晋时期文化的突出特点是科学技术成就突出与思想界的异常活跃,此时期中国社会处于分裂割据的状态下,不同的地域文化,带有不同的特点,具有明显的差别,尤其是南北文化差异很大,这一时期的文人也是如此,阅读本章,我们就会有一个深入的认识和体会。

第一节
秦汉时期的文人

霸王别姬与大风歌

1. 霸王别姬

秦朝末年,楚汉相争,以谋取帝王之位。公元前202年,刘邦联合韩信、彭越、刘贾围困项羽于垓下,又采纳张良的计策,对项羽的军队实施一种独特的心理战术。

天刚一黑,刘邦就传下令去,命令全体士兵用荆楚的方言反复吟唱楚地的民歌。当晚,兵少粮尽又身陷重围的项羽在大帐中辗转反侧,难以入睡。忽然,他听见好像有人在唱楚地的民歌,这歌声勾起了项羽无尽的思

霸王别姬

乡之情。歌声越来越近,越来越大,项羽非常奇怪,他步出大帐仔细一看,吓出了一身冷汗,原来,这声音来自楚军的营寨四周,"难道汉军已尽数取得楚地了吗?为何汉军中楚人如此多呢?"他再也不敢往下想,回到大帐借酒浇愁。

项羽非常宠爱一个叫虞姬的妃子,她一直跟随在项羽身边。项羽还有一匹叫乌骓的千里马,是他平时征战的坐骑。想到自己英雄一世,今天竟落到如此地步,项羽百感交集,不禁击节而歌:

第三章 秦汉魏晋时期的文人

    力拔山兮气盖世，时不利兮骓不逝。
    骓不逝兮可奈何，虞兮虞兮奈若何！

  项羽边饮酒边反复咏唱，回想自己南征北战十几年，杀死的豪强劣绅无数，如今却被当年不起眼的泗水亭长围得水泄不通。唱着想着，想着唱着，不禁涕泗滂沱，失声痛哭。虞姬为了安慰项羽，离座舞剑。剑影中不时传来虞姬的应和之声。帐下的将士听到这慷慨悲凉的歌声异常难过，都哭起来，几乎不能仰视。很快整个楚军营盘上空响起了楚歌声，凄凉悲怆。

  后来，人们将这段故事化为成语"四面楚歌"，又由此而衍生出戏剧名作"霸王别姬"，至今传唱。

2. 大风歌

  垓下决战后，汉王刘邦取得了最后的胜利，建立了一个比秦朝更强大的汉王朝。公元前202年，刘邦即皇帝位，是为汉高祖。刘邦先建都洛阳，后迁都长安，从那时起汉朝的都城就一直设立在长安，历史上把这个时期称为"西汉"，也叫"前汉"。

  楚汉战争中，有些带兵的大将立过大功，刘邦不得不封他们为王。这些诸侯王有的虽然不是旧六国贵族，但是都想割据一块土地，不听汉朝政府的指挥。其中楚王韩信、梁王彭越、淮南王英布的功劳最大，兵力也最强。刘邦对他们确实不放心。后来，刘邦设计先后斩杀了韩信、彭越。

  这样一来，淮南王英布一下子警觉起来，他认为自己如果此时不反，早晚也会成为刘邦刀俎上的鱼肉。于是对部下说："皇上已经老了，自己一定不能来。大将中只有韩信、彭越最有能耐，但他们都死了，别的将军不是我的对手，没什么可怕的。再说，现在情势相当紧迫，皇上生性多疑，容不得人，韩信、彭越的死就是最好的明证，如果我没有判断错的话，皇上要除掉的下一个对象一定是我，与其坐以待毙，不如奋起一搏。"

  英布一出兵，果然打了几个胜仗，把荆楚一带土地都占领了。刘邦只好亲自发兵去征讨英布。

  他在阵前骂英布说："我已经封你为王，你为何还要造反？"

  英布直言不讳："为何造反？这你还不明白，想和你一样做个皇帝。"

  刘邦大怒，指挥大军猛击英布，英布手下兵士弓箭齐发，刘邦当胸中了一箭。幸亏箭伤不算太重，他忍住创痛，继续进攻。最终英布大败逃走，途中被杀。

  这一年是汉高祖十二年（公元前195年）。平定英布叛乱后，刘邦即刻启程返回长安。途经故乡沛县,在那里小住。故乡的山水依旧,环绕于耳畔的乡音未改,然而现在的自己已非昔日的刘季,几十年的南北征战已改变了他的容貌,想到此去长安任重而道远,下一次回故乡与亲人故旧团聚不知是何年何月的事,因此,刘邦吩咐手下在沛县的行宫大摆酒筵,将家乡故旧父老及其子弟全都召来畅饮。

酒过三巡菜过五味,刘邦与故乡亲朋谈起自己早年的生活,感慨万千,用手击筑唱起了即席创作的诗歌:

大风起兮云飞扬,威加海内兮归故乡,安得猛士兮守四方!

百余名训练有素的儿童齐声应和,高祖一时兴起,离席起舞。慷慨激越的歌声,使高祖想到了创业的艰辛,不禁潸然泪下。

只为帝王写文章的司马相如

司马相如,字长卿,幼年时,父母怕他有灾,所以给他取了小名"犬子"。长卿读书时,知道了蔺相如的故事,为了表示对蔺相如的仰慕之意,便更名为相如。

公元前144年,蜀中"锦城丝管日纷纷,半入江风半入云",在这样一个歌舞升平之地,司马相如僻居的槐树街绿竹巷却是个清静的所在。回乡已经数月,35岁的司马相如依然一贫如洗,不免有些郁郁。

想当年,他20岁出头,诗书满腹,又剑术超群,独闯长安,在汉景帝手下为武骑常侍。可景帝不好辞赋,司马相如有志难申。多亏在公元前150年遇到梁孝王刘武。两人一见如故,于是他随梁孝王到了河南商丘,在梁园度过了两年优游的生活。梁孝王赞他才情高华,不仅以礼相待,还赐给他一把名叫"绿绮"的古琴,琴上面刻有"桐梓合精"(即桐木和梓木的精华)四个字,是当时不可多得的名贵乐器。

那段日子里,司马相如精心写了一篇《子虚赋》,描述诸侯游猎的盛况,辞藻华丽,极尽雕琢之能事。他靠着这篇文章出了名。只可惜,梁孝王却突然魂归九天,门客四散。司马相如无可奈何,只得黯然回到了故乡成都。此时,他的父母已经双亡,家业败落。

这一日,同窗老友、临邛县令王吉造访。原来,临邛首富卓王孙喜好附庸风雅,听说司马相如曾在朝中为官,文采非凡,就托王吉送来请柬,盛宴相邀。

面对众宾的祝酒,司马相如频频起身,向大家拱手答礼,只见他嘴唇翕

第三章 秦汉魏晋时期的文人

动,却没有说出一句话。原来司马相如自小略带口吃,不善高谈阔论。王吉眼见他一副窘态,立即起来圆场:"我有一个不情之请,素闻司马兄雅善音律,当此良辰美景,何不抚琴一曲,以助雅兴?"卓王孙立刻同意:"我家中藏有古琴,愿献与司马先生弹奏。"王吉说:"不必不必,司马兄向来琴剑随身,车上有琴囊,可以马上取来。"司马相如不好推辞,就端坐案前,静气凝神,抚琴调弦。这"绿绮"琴已被司马相如操练多年,自然别有韵味。

卓王孙之女卓文君也喜好琴艺,她在后堂听到这翩若惊鸿、婉若游龙的琴声乐韵,不禁心中一动:这分明是一曲久已失传的《凤求凰》!卓文君估计,今天在场的听众,不会有别人懂得其中的精妙与琴音外男子的求偶之意。她感觉脸颊发烫,这弹琴的男子会是怎样的一个人呢?

接下来英俊潇洒的男子和美丽富有的少女做出了在那个时代惊世骇俗的决定——私奔。

卓文君跟着司马相如到了成都,本以为这位郎君风流倜傥,又曾在朝中为官,定会有些财产,哪知他家徒四壁,而自己从家里仓促逃出,没有多带

《凤求凰》剧照

金帛。无可奈何之际,只得把随身首饰拿去换粮。数月后,衣饰都快卖完了。

司马相如眼见妻子受苦,也觉得无限凄凉。卓文君便对他说:"你这样穷,我们今天凑合明天对付也不是长久之计,不如再回临邛,我去向家里借些钱财,也好营谋生计。"司马相如答应了。

到了临邛,二人听人说,女儿私奔后,卓王孙几乎气死。现在女儿过得穷苦,有人去劝他帮忙周济。卓王孙却盛怒不从,说是女儿不守妇道,不忍杀她,就叫她自己饿死算了。

司马相如暗想,卓王孙如此无情,文君也不便去借钱。大丈夫能屈能伸,我如今穷途末路,也不能死要面子活受罪,索性就在他家门口开个小酒店,让他看不过去。

司马相如将身边仅有的车马变卖,作为资本,租借房屋,备办器具,择日开店。店中雇了两三个酒保,他也改穿短脚裤,一派劳动者模样,还吩咐卓文君准备卖酒。

小酒店开张那天,门庭若市,热闹非凡,晌午时分便人头攒动,酒楼内外,水泄不通。有进酒楼来喝酒的,有在酒楼外往里瞅的,要瞅瞅大美人卓文君怎么卖酒,还要瞅瞅大文人司马相如怎么收账。夫妇俩也无所畏惧,笑口揽客,琴瑟和鸣,生意红红火火。

卓王孙见此情势,也只得屈服,给了夫妻两人百名家僮,又陪嫁了无数钱财。司马相如乐呵呵地将酒店一关,带着美人与钱财回到成都,做起富翁来。

公元前138年的一天夜里,雅好辞赋的汉武帝偶然读到《子虚赋》,击节叫好,大为欣赏,却不知是谁写的,不禁暗自叹息:"可惜寡人没有和此人生在同一个时代!"这时,替武帝管理猎狗的太监杨得意恰好在旁伺候,他告诉武帝,这篇《子虚赋》是他的同乡司马相如所写,且此人尚在人世。武帝一听,又惊又喜,立即传旨,召司马相如入宫。这个对文人来说渴求已久的机会,终于降临到了司马相如头上。

公元前137年,汉武帝读到了司马相如新写的《上林赋》,大喜,然后拜司马相如为郎官。

除了写得一手好文章之外,司马相如为官期间最大的贡献其实是开发

司马相如塑像

第三章 秦汉魏晋时期的文人

西南。他为官第三年，正赶上中郎将唐蒙在修治西南蜀道，由于工程艰巨，征集民工过多，又杀了西南夷首领，巴蜀人民惊恐不安，引发骚乱。汉武帝闻听奏报，决定派司马相如去责备唐蒙，并让他写一篇文告，向巴蜀人民做一番解释。

于是，司马相如写下了一篇温情脉脉的文章，号召巴蜀百姓要"急国家之难"，晓之以理，动之以情，又代表皇帝给了地方很多恩惠，招抚工作进行得十分顺利。

回到长安，司马相如向武帝提出意见：应该在邛（今西昌）、筰（今雅安）一带恢复设置郡县，这对西南蜀道的开通更有效果。武帝采纳了他的建议，并亲派司马相如负责这件事。再次到蜀后，司马相如雷厉风行地拆除旧关，架设桥梁，开辟道路，造福了西南一方。

司马相如虽然写了不少歌颂帝王的辞赋，但实际上，他为官不善逢迎。一方面是因为他结婚后很有钱，不需要追慕官爵。另一方面是因为他口吃，不善言辞，又有糖尿病。他不愿意同公卿们一起商讨国家大事，总是借病在家闲待着。

公元前118年的冬天，奇冷无比。司马相如有一种不祥的预感，觉得自己似乎再难走出这奇寒的冬天。于是，他抱病撰写了《封禅书》，希望武帝体会到他的一片忠心。

写完《封禅书》的最后一个字，司马相如彻底垮了下来，他真的精疲力尽、心力交瘁了。此时，皇宫之中，武帝好像想起什么似的，问："很久未见司马先生了，不知他近况如何？是否又有新作？"老乡杨得意答："听说司马先生病体沉重，恐怕已难以再写什么东西了。""快！快去把他的文章全部取回来，如果不这样做，以后就散失了。"皇帝派出的大臣回来时，带来了司马相如的死讯，还有那篇耗掉他最后心血的《封禅书》。

对司马相如的人品和文品，后世一直毁誉参半，他和卓文君的浪漫爱情，也曾遭到质疑。有传说称，司马相如显达之后，想要纳妾，据史书记载，"卓文君作《白头吟》以自绝，相如乃止"。《白头吟》中写道："皑如山上雪，皎若云间月。闻君有两意，故来相决绝。"后人考证认为，此诗为民间作品。多年之后，人们发现了一篇传为卓文君所作的《司马相如诔》，以朴实无华而又情真意切的文字，概括了司马相如的一生。可见二人爱情之坚贞。

还有人说，司马相如文品不高，铺写洋洋洒洒、歌功颂德的《子虚赋》、《上林赋》，靠吹捧成了御用文人；遗作《封禅书》，也使得汉武帝耗费大量人力、物力去进行封禅活动。不过，客观地讲，司马相如谏说论事，虽铺张

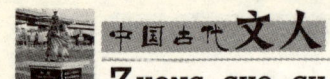

扬厉,但无一不宗旨严正,有所讽喻,司马迁认为:"此与《诗》之风谏何异?"这是很高的评价了。

疑古问孔的王充

王充是东汉时期杰出的唯物主义思想家。祖父、父亲在钱塘"以贾贩为事"。王充自幼聪明好学,青年时期曾到京师洛阳入太学,拜班彪为师。"家贫无书,常游洛阳市肆,阅所卖书,一见辄能诵忆,遂博通众流百家之言。"

王充一生在政治上很不得志,相传曾做过几任州、县的官吏,但都没什么实权,多系幕僚性质。因为他嫉恨俗恶的社会风气,常常因为和权贵发生矛盾而自动辞职。因此,每次仕进都为期极短。他把毕生的精力投入著书立说,居贫贱而不倦。他一生撰写了《论衡》、《政务》和《养性》等著作,其中《论衡》一书流传至今。

王充的著述活动也不是一帆风顺的,经常遭到社会舆论的非难。以致他的学说一旦问世,便被视为异端学说,甚至遭到禁锢。王充冲破重重阻力,坚持著述。他在《论衡》一书中系统地清算和批判了神秘主义的思想体系,确立了唯物主义思想,难能可贵。

汉代的唯心主义神学,鼓吹天是至高无上的神,像人一样具有感情和意志,大肆宣传君权神授和"天人相与"的天人感应说。宣扬"天子受命于天","承天意以从事";天神能赏善惩恶;君主的喜怒,操行好坏和政治得失都会感动天神做出相应的报答,而自然界的变异和灾害就是天神对君主的警告和惩罚。王充针锋相对地指出:天是自然,而不是神。他说,天和地一样,是客观存在的平正无边的物质实体,它有自己的运行规律。日月星辰也都是自然物质,"系于天,随天四时转行"。天和人不一样,没有口眼,没有欲望,没有意识。

在王充生活的时代,各种鬼神迷信泛滥。王充在《论衡》中对各种迷信活动及其禁忌,尤其是对"人死为鬼"的谬论进行了深刻的批判。他很风趣地说,从古到今,死者亿万,大大超过了现在活着的人,如果人死为鬼,那么,道路之上岂不一步一鬼吗?王充认为人是由阴阳之气构成的,"阴气主为骨肉,阳气主为精神","精神本以血气为主,血气常附形体",二者不可分离。他指出:"天下无独燃之火,世间安得有无体独知之精!"也就是说,精神不能离开人的形体而存在,世间根本不存在死人的灵魂。

王充在《论衡》一书中还否定了圣人"神而先知","圣贤所言皆无非"。

第三章 秦汉魏晋时期的文人

为了适应封建专制主义中央集权的统治需要,汉代的唯心主义神学极力推崇古代的圣人,说圣人是天神生的,"能知天地鬼神""人事成败"和"古往今来"。王充虽然也承认孔子是圣人,并且也不反对孔子所提倡的封建伦理道德。但他批判了圣人"前知千岁,后知万岁",有独见之明,不学自知的唯心主义先验论。他认为圣人只不过是比一般人聪明一些,而聪明又是来自于学习。

《论衡》极具战斗性,它涉及自然科学、哲学、伦理学、宗教和社会生活等诸多方面,阐明了以唯物主义为基本特征的世界观。全书共 85 篇(现存 84 篇),分 30 卷,约 30 万字。《论衡》是王充从 33 岁开始,前后用了 30 多年的时间,直到临终才写成的,是他毕生心血的凝结,是中国传统文化中的宝贵财富。

司马迁忍辱著《史记》

司马迁(公元前 145 或前 135—?),字子长,夏阳(今陕西韩城)人,是太史令司马谈之子。早年从董仲舒学《公羊春秋》与孔安国学《古文尚书》。20 岁后漫游各地,考察遗闻轶事,搜集史料。司马迁是西汉杰出的史学家、文学家、思想家,所著《史记》是我国历史上的第一部通史,同时也是一部伟大的文学著作,它对后世文学的发展有着巨大而深远的影响。

司马迁 7 岁的时侯,他的父亲司马谈任汉太史令。司马谈是一位学问渊博、目光远大的史官。司马迁受父亲的影响,从小就怀有雄心壮志。

公元前 110 年,当时司马迁 35 岁,他奉命从四川回到京城,看望病重的父亲。司马谈拉着他的手哭着说:"我们的祖先是周朝的史官,远祖掌管天文历法,已成累世家学,后一度衰落。你如能再做太史令,那就可以继续祖先的事业了……"司马迁泪流满面,低着头对父亲说:"儿虽不才,但一定会把祖先和您所谈论的内容记录下来,好好继承先辈的事业。"不久,司马谈就死去了。3 年后,司马迁果然继承父职做了太史令。他废寝忘食,刻苦攻读,为写《史记》做了充分的准备。

然而正当司马迁雄心勃勃、发奋写书

司马迁祠

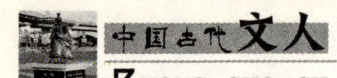

的时候,祸从天降,他因"李陵事件"讲了一些实话,而惨遭宫刑。受了这样的奇耻大辱,他悲愤欲绝。但是,为完成父亲嘱托的事业,给后人留下信史,司马迁决定活下去,发愤著书。

2年后,司马迁受赦出狱,喜怒无常的汉武帝又召他做中书令。有一天,司马迁正在家中写《史记》,突然看见大儿子司马临怒气冲冲地闯进来,说:"爹爹,你看我从市上揭来的揭帖。"司马迁接过一看,只见上面写着:

鱼跃龙门变成龙
还看鲤鱼雌与雄
假若非雄也非雌
跃上龙门也非龙

原来,这是朝里与司马迁为敌的李二师一伙人干的。后来,司马迁的朋友们知道了这件事,都竭力反对他应召。他们说:"你这个德才兼备的司马迁,为何非要进宫做'闺阁之臣',甘受此辱?"司马迁强忍心中的巨痛说:"不进宫怎知宫庭秘史?不和帝王将相打交道,怎知他们灵魂善恶?不应召,史书又怎样去写?"

后来,司马迁进了宫,做了中书令。但他知道,他写的这本实记实录的《史记》,必然会遭到汉武帝的反对。因此他早就做了应对,完稿后他同时准备了几份:一是手稿,后来汉武帝追查,他便将手稿呈交上去,果不出所料,手稿被汉武帝烧毁了;二是副稿,由才智非凡的女儿司马英抄写,以便"藏之名山,传之后人";三是腹稿,他每写一篇,都命外孙杨恽(司马英的儿子)学懂背熟,以确保信史传给后人。祖孙三代,继承祖辈写史的大业,精心保存《史记》,才让这部不朽的著作流传了下来。

女史学家班昭

人们都知道,我国二十五史中有一部《汉书》。这部史书是我国第一部纪、表、志、传各体例完备的断代史,作者是东汉时期的班固。据史料记载,这部书中的"八表"是其妹班昭所作。

班昭,字惠班,14岁时嫁给曹寿为妻。曹寿字世叔,所以《后汉书》中称她为曹世叔妻。曹世叔早逝,班昭由于学识广博,才智高超而格外受时人尊重,汉和帝刘肇曾多次召她入宫,让皇后和宫中贵人们都拜她做老师,称她为"曹大家"。

班昭家历代为仕宦、学者,她的祖姑班婕妤是汉成帝时有名的才女,曾

第三章 秦汉魏晋时期的文人

有《自悼赋》、《捣素赋》、《怨歌行》流传于世。父亲班彪与堂伯父班嗣都是西汉末年名噪一时的儒学大师,父亲班彪晚年致力于史籍研究,著述甚丰。哥哥班固秉承父志,充分吸收《史记》纪传体的成果,"究西都之首末,穷刘氏之废兴",著《汉书》二十余年。可惜,书未著完,班固就死在狱中。

汉和帝十分重视《汉书》的撰著,深思熟虑后,决定由班昭来撰写"八表",续成这部伟大著作。当时,朝中虽然不乏能文善赋的大家,但刘肇还没有发现有哪一个人能够像班昭那样博闻强识,博学多才,其深厚的

班昭像

史学功底更是无人能敌。为了完成哥哥未竟的事业,班昭奉诏进到东观藏书阁,勤奋批阅,广积史实,驰骋笔墨,利用东观藏书颇丰的有利条件,经过几十载的艰苦,终于完成了《汉书》的撰著。

《汉书》问世以后,书中许多"典章制度,人多不晓;古方奇字,人所不习;古今异言,方言俗语,人或未通;礼乐歌诗,修短有节,不可以循例读之",使人茫然不解;还有些字生僻少见,有的兼有假借,所以,很多阅读《汉书》的人感觉生涩吃力,自叹力不从心。他们迫切希望能有一位学贯古今的老师,引导着他们把这本书读通、读懂、读透。同乡马融就是抱着这样的想法来到东观藏书阁,成了班昭的第一个学生。马融每天恭恭敬敬地跪在班昭面前,聆听班昭的教诲。通过班昭耐心的讲解,马融终于领会了《汉书》的精髓。

班昭一生,除了续写《汉书》外,还创作了《东征赋》、《大雀赋》、《针缕赋》、《蝉赋》等优秀的作品,一直流传至今。

但使她青史留名的另一个原因,是她曾著《女诫》7篇。虽然班昭写《女诫》的初衷只是为了教育自己待字闺中的女儿们要遵守妇道,但文章写出了天下父母想表达却苦于学识短浅表达不清的愿望。因此,《女诫》一出,立刻引起轰动,大家争相传抄,以此作为训诫子女的蓝本。

妙识音律的蔡邕

蔡邕是东汉末年著名的多才多艺的人物，他能诗善赋，工于隶书，关于他的传说是很多的。但是蔡邕妙识音律的故事，恐怕知道的人不多。

在汉献帝即位以前，因为战乱，蔡邕历经12年颠沛流离的生活，历经各种不幸。献帝即位后，蔡邕回到故乡陈留，立刻受到了亲朋好友的盛情接待，他们为他设宴接风，重叙旧情，有的干脆登门拜望。

有一天，蔡邕的好朋友吴明请他到家中小聚，还找了几位老朋友相陪。蔡邕如约前往，在很远的地方便听到了琴声，那琴声婉转悠扬，十分动人。可是等到蔡邕慢慢走至门前，正要踏入门内时，琴声忽然变了，由一片祥和转入阴沉抑郁，继而变得杀气腾腾。蔡邕一听大惊，12年的不幸遭遇使他养成了很高的警惕性，他想："主人盛情邀请，再以美妙的琴声召唤我；可我走至近前，琴声里却露出一片杀气，气势逼人，夺路而来，这中间有什么缘故吗？"他越想越觉不妙，不由得拔腿便走。

蔡邕刚走不远，恰好遇到吴明请来相陪的朋友。这朋友见蔡邕神色紧张，疾步如飞，不知有什么紧要事，连忙拦住问道："先生为什么不吃饭就走呢？您是今日的贵客，您走了我们还陪谁呢？"

蔡邕推说有急事要办，坚持要走。这朋友好言相劝："什么急事，也不差这一顿饭工夫，都走到门口了不进去，这算怎么回事呢？要不先生把事交给我办！"蔡邕仍是不从，两人推推搡搡之间，吴明走出来，一把拉住蔡邕说："快进快进！朋友们都到齐了。"那朋友也推着蔡邕往里走。

蔡邕无可奈何地走进屋内，主人安排他坐在首席上，大家争相向他敬酒敬菜，都为他摆脱磨难，重返故里而庆贺。说到伤心处，吴明竟落下泪来，其他客人也是一片伤感。

蔡邕见大家对自己诚心诚意，不由得为刚才自己多疑而羞愧。正巧吴明想起刚才的事，顺口问道："小弟一直恭候先生大驾，而您却过门不入，不肯进屋，这是为什么？"

蔡邕很坦率地答道："历经磨难的人，对身边发生的一切都比较敏感。适才正欲进屋，却闻琴声里一派凶杀之气，恐怕有什么不测，故此掉头就走，不敢登门。"

吴明和客人一听十分惊奇，他们不能相信蔡邕竟能从琴声中听出杀气。这时吴明的弟弟站起来解释道："适才我弹琴时看见一只螳螂躲在一只蝉的后

第二章　秦汉魏晋时期的文人

面想捕捉它，但蝉欲飞起，我恐怕螳螂扑空，心下猛动，满心希望螳螂扑快些。想不到这一线杀机竟流露于琴声中，先生慧耳听音，不想竟能听出，先生真不愧为妙识音律的大家。刚才我令先生受惊了，失礼！失礼！"

吴明和其他客人这才恍然大悟，心中顿生敬意。蔡邕妙识音律的故事于是便广为传开了。

"临池"的由来

临池，讲的是汉朝著名的书法家张芝在水池旁边练习写字的故事。

张芝，又叫张伯英，敦煌酒泉（今甘肃省境内）人。张芝自小酷爱书法艺术，他常常惊叹秦篆的古茂，感慨汉隶的稳健，发誓要通过勤学苦练，成为一代书法大家。张芝特别喜爱当时流行的"章草"，练习"章草"达到了痴迷的程度。

据记载，张芝家附近有一个大池塘，池塘里的水一年四季清澈见底，塘中的游鱼和沙石清晰可辨。池塘边有一块废弃的青石板，不知是什么年代的物什。张芝每天早早起来，就趴在这块大青石上读帖，有时兴起，用毛笔蘸了水还在这青石板上练习书法。久而久之，青石板竟然被他磨得非常平滑。

张芝的字进步很快，可是因为家境贫寒，张芝买不起当时市面上出售的那种专供书写的质量很好的纸张，理想又不能放弃，那么，怎样来解决这个矛盾呢？

为了节省纸张，张芝常常拿树枝在地上练习，或者蘸了水在桌子上、木板上写。有一天，张芝坐在池塘边的青石板边读帖边在石板上摹写，写着写着，竟涂到了衣襟上。看着衣襟上那块未干的水渍，张芝蓦地发现，身上穿的这件白色长罩衫可以用来练字。他异常兴奋，急忙脱下罩衫，平铺到青石板上，又取来毛笔和砚台，砚好墨，兴致勃勃地写起字来。不大会儿，雪白的衣襟上便写满了字，这些字龙飞凤舞，笔力纵横，上下字之间的笔势自然牵连相通，写得既有章法，又有气势。张芝停笔审视一番，非常满意，便把衣服翻转，在长衫的后片上写起来。他越写兴致越高，后来，索性连两只袖子也铺开弄平当纸写。

张芝抖动着这件写满"章草"的长罩衫，按捺不住满心的喜悦。今后，他可以堂而皇之地用毛笔蘸了墨汁在衣服上写，再也不用为练字的纸而发愁了。可是，没有了衣服，怎么回家呢？如果大着胆子穿着写满字的罩衫回去，父母亲生气了又该怎么办呢？张芝坐在池塘边发呆，清清的池水倒映出他瘦弱的身影。"有了!"张芝一弯腰,把长衫浸泡在池水里,立刻,长衫上的墨迹将池水染黑了一大片。

从此,张芝每天把写满字的衣服拿到池塘里来洗,有时,母亲还找出家中一些不用的布帛供张芝练习之用。由于张芝每天在池塘中洗练字的布帛、衣物、砚台,时间久了,池塘里的水都变黑了。

"功夫不负有心人",张芝的刻苦终于换来人们的赞誉,他的字融进了对生活的感悟,体势连绵,富于变化,为东汉末年书法爱好者争相临摹。然而,张芝并不就此满足。他潜心研究前代书法家们的作品,在此基础上创造出一种易于辨认、易于书写的新的字体——"今草"。

张芝的"今草"对后世书法家影响很大,到晋代尤为盛行,是为"晋草"。为了褒扬张芝勤学苦练的精神,人们称练习书法为"临池"。

第二节
三国两晋南北朝时期的文人

书圣——王羲之

王羲之出身于一个书法世家的门庭,他的伯父王翼,王导;堂兄弟王恬,王洽等都是当时的书法名家。

王羲之七岁那年,拜女书法家卫铄为师学习书法。王羲之临摹卫书一直到十二岁,虽已不错,但自己却总是觉得不满意。因常听老师讲历代书法家勤学苦练的故事,使他对东汉"草圣"张芝的书法产生了钦羡之情,并决心以张芝的"临池"故事来激励自己。

为了练好书法,他每到一个地方,总是跋山涉水四下钤拓历代碑刻,积累了大量的书法资料。他在书房内,院子里,大门边甚至厕所的外面,都摆放着凳子,安放好笔、墨、纸、砚,每想到一个结构好的字,就马上写到纸上。他在练字时,凝眉苦思,以至废寝忘食。

第三章 秦汉魏晋时期的文人

他认为养鹅不仅可以陶冶情操，还能从鹅的某些体态姿势上领悟到书法执笔，运笔的道理。有一天清早，王羲之和儿子王献之乘一叶扁舟游历绍兴山水风光，船到县禳村附近，只见岸边有一群白鹅，摇摇摆摆的模样，磨磨蹭蹭的形态。王羲之看得出神，不觉对这群白鹅动了爱慕之情，便想把它买回家去。王羲之询问附近的道士，希望道士能把这群鹅卖给他。道士说："倘若右军大人想要，就请代我书写一部道家养生修炼的《黄庭经》吧！"王羲之求鹅心切，欣然答应了道士提出的条件。

二十岁时，有个太尉郗鉴派人到王导家去选女婿。当时，人们讲究门第等级，门当户对。王导的儿子和侄儿听说太尉家将要来提亲，纷纷乔装打扮，希望被选中。只有王羲之，好像什么也没听到似的，躺在东边的竹榻上一手吃烧饼，一手笔划着衣服。来人回去后，把看到的情况禀报给郗太尉。当他知道东榻上还靠着一个不动声色的王羲之时，不禁拍手赞叹道：这正是我所要的女婿啊！于是郗鉴便把女儿郗浚嫁给了王羲之。

王羲之一生最好的书法，首推《兰亭集序》。那是他中年时候的作品。

东晋有一个风俗，在每年阴历的三月三日，人们必须去河边玩一玩，以消除不祥，这叫做"修禊"。永和九年的三月三日，王羲之和一些文人，共四十一位，到兰亭的河边修禊。大家一面喝酒，一面作诗。

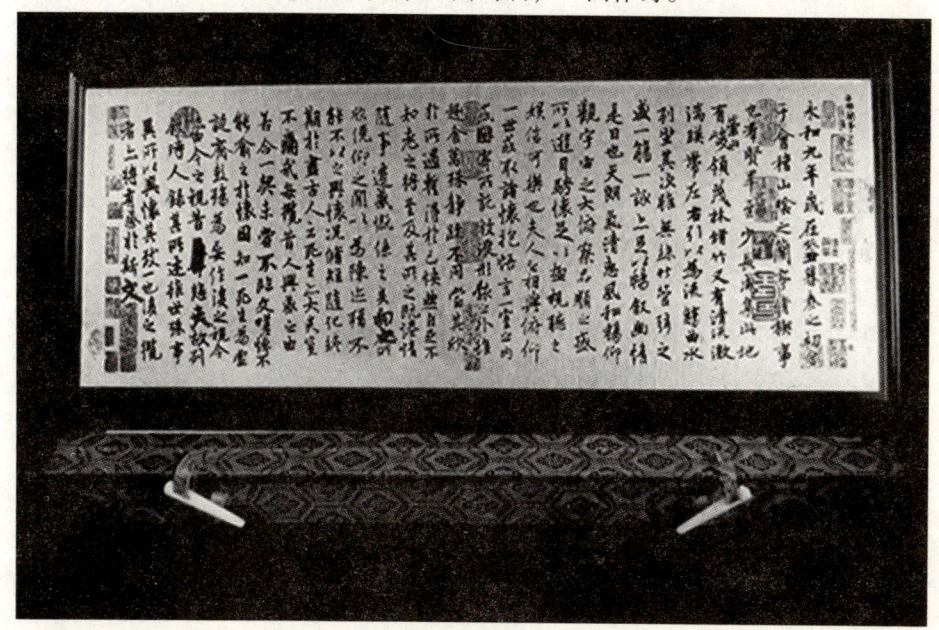

《兰亭集序》

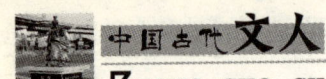

作完了诗,大家把诗搜集起来,合成一本《兰亭集》,公推王羲之为《兰亭集》作一篇序文。这时王羲之已经唱醉了,他趁着酒意,拿起鼠须笔,在蚕茧纸上,挥起笔来。这篇序文,就是后来名震千古的《兰亭集序》。此帖为草稿,28行,324字。记述了当时文人雅集的情景。作者因当时兴致高涨,写得十分得意,据说后来再写已不能逮。其中有二十多个"之"字,写法各不相同。宋代米芾称之为"天下行书第一"。传说唐太宗李世民对《兰亭集序》十分珍爱,死时将其殉葬昭陵。留下来的只是别人的摹本。今人所见,皆为《兰亭集序》临摹本。王羲之的书法作品很丰富,除《兰亭集序》外,著名的尚有《官奴帖》、《十七帖》、《二谢帖》、《奉桔帖》、《姨母帖》、《快雪时晴帖》、《乐毅论》、《黄庭经》等。其书法主要特点是平和自然,笔势委婉含蓄,遒美健秀,后人评曰:"飘若游云,矫若惊龙",王羲之的书法是极美的。

王羲之既有洒脱漂亮的外在风貌,又有富赡的内心世界。晋代玄学盛行,崇尚老庄哲学,王羲之对人生、社会、自然的思考当然受其影响。王羲之辩才出众,再加上性格耿直、处世豁达,享有美誉。朝廷公卿看重王羲之的才气,屡次征召为侍中、吏部尚书等职,他都坚辞不受。后来,征西将军庾亮请他做参军,王羲之欣然应往,不久升为长史,进宁远将军、江州刺史,官至右军将军、会稽内史。

王羲之不喜欢当官,更喜欢清静。但是当他不得已而任官时,又决不尸位素餐。他在任职期间,曾对宰相谢安和参与朝政的殷浩等人发请过重要而切实的政见,还对饥民开仓赈济,这些都说明他不慕荣利为人正直的品格。晋室南渡之初,他见会稽山水俱佳,适合修身养性,便有终老之志。再加上与王述不和,王羲之称病去职,归隐会稽。

辞官归隐后,山川相映、万物交辉的大自然,使王羲之应接不暇。他泛舟大海、远采药石,心中多年积累的尘世之污逐渐被涤荡干净,用更宽广的胸怀、更大的热情、更纯真的感受去接受自然万物之美,发现宇宙的深奥微妙。这些体会又印证到书法上,使他在艺术境界上进一步得到提高、得到升华。正如王羲之在《书断》中所说:"千变万化,得之神功,自非造化发灵,岂能登峰造极。"

魏晋文人——王献之

《乌衣巷》是唐代大诗人刘禹锡写的一首著名的咏史诗,诗中有这么两

第三章 秦汉魏晋时期的文人

句:"旧时王谢堂前燕,飞入寻常百姓家。"所谓"王谢"是晋代两大豪门望族,其中"王"即是以"书圣"王羲之为代表的王氏家族。王献之是王羲之的第七子,因其精于书法,后世将他与父亲王羲之并称为"二王"。

王献之,字子敬,因官至中书令,故又称"王大令"。建兴四年(公元316年),西晋愍帝司马业被俘,东晋南渡,琅琊王氏亦南迁至会稽山阴(今浙江绍兴)。至王献之出生时(公元344年),王氏家族已经在山阴扎下了根基。琅琊王氏本来就是晋代的名门望族,王献之的祖父王旷曾任淮南太守,叔祖王导为元帝司马睿丞相,权倾一时。父亲王羲之是东晋时代的文学家和书法家,曾官至右军将军。几个哥哥也各有所长,自小便声名远播。生长在这样的家庭环境中,王献之得到了最好的教育和熏陶,加上天资聪颖和后天的勤奋,王献之在很小的时候就表现出过人的才华。

父亲王羲之名垂青史,源于他实现了草书与楷书的完美结合,开创了有晋一代的新书风。父亲写字时,王献之总喜欢在旁边观看,父亲行笔"飘若浮云,矫若惊龙",写出来的字遒劲有力,流美自然,王献之多么希望自己将来也能像父亲那样成为一代书法大家,为此,他常常偷偷地溜进书房拿出父亲的作品临摹。长到七八岁,王献之便开始正式跟随父亲学习书法。王羲之认为掌握一定的书写技巧只是写好字的一个方面,关键还在于练习者不懈地努力。因此,他在讲解了一些书法理论和书写技巧之后,就把一大堆字帖摆在王献之面前,让他认真研读,反复练习。在这些字帖中,王献之最喜爱三国书法家钟繇和东汉书法家张芝的作品。张芝善草书,而钟繇则精于隶书、楷书、行书,王献之觉得,钟繇的字体势端整横扁,用笔显得沉着而遒劲,张芝的字则变化多端,华彩粲然,和父亲的字似乎有很大的不同,却又存在着千丝万缕的联系。王献之沉醉其中,经常一个人在书桌前边看边练,对外面发生的事情浑然不觉。

一天,王羲之送走客人,途经书房,透过窗户看见王献之正端端正正地坐在书桌前练习书法,便轻轻推开房门,蹑手蹑脚地走了进去。王献之正在临摹《笔阵图》,只见他表情严肃,眼神随着笔的走势而移动,王羲之推断,目前儿子所有的注意力都集中于笔端。虽然习字的时间不太长,但字里行间已颇有乃父之风,王羲之不禁捻须而笑。习字讲究运笔,更看重笔力,王羲之想考察一下儿子这方面的功力,便伸出手,从王献之身后冷不防地抓住他的笔,猛地一抽,毛笔却被王献之牢牢地握在手中,不能拔出。事后,王羲之赞叹道:"此儿后当复有大名!"意思是说,这孩子将来肯定又是一个出大名的人。

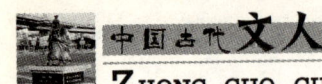

中国古代文人
ZHONG GUO GU DAI WEN REN

　　王献之善写草书、行书、楷书、隶书诸体，尤善草书。有一次，王献之和兄弟们在离家不远的地方玩耍，不知是谁提议，说要在墙上写字，看谁写得大，写得好。兄弟们互不相让，争相施展本领。结果，年龄最小的王献之独占鳌头，他写的字一丈见方，引来几百人围观。有精通书法的人评论说，这个字儿写得流畅奔放，乍看上去与王羲之的字有几分神似，但精心玩味，又不尽相同，他已经改变了王羲之用笔含蓄回锋的内敛之法，应该说是在王羲之书风基础上的创新呀。

　　王献之不仅工于书法，亦擅长丹青。大将军桓温曾请王献之画幅扇面，一不小心，王献之误点了一笔，在场的人暗暗着急，大家紧张地注视着王献之，都替他捏一把汗。王献之不慌不忙，他静静地思忖一会儿，又提起笔来，因势象形。顷刻间，一只体色斑驳、筋骨强健的黑花母牛跃然纸上，它出神地凝视着远方，好像在期盼贪玩的小牛的出现，神态逼真，俨然人世间的慈母。

　　王献之书画的风格灵动地体现了其人格精神的神韵，也含蕴了魏晋时期艺术的自觉。他开创的"王献之一笔书"变以往的草书多字字独立、不相连属，为上下一气呵成，对后代"狂草"的形成起到巨大的引领作用。

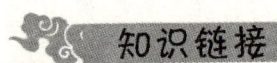
知识链接

江郎才尽说江淹

　　江郎，指的是南朝文学家江淹。江淹小的时候，家境贫寒，有时连纸、笔也买不起。但是不管环境多么恶劣，江淹始终不放弃自己的理想，他坚信只要努力，理想总会变为现实。每天晚上，当别人静静地享受睡眠时，江淹还在油灯下苦读。十年后，江淹以《别赋》、《恨赋》等文章蜚声文坛，成为当时享誉大江南北的少年才子。

　　可是，随着年龄的增长，江淹的文章越发文句枯涩、平淡无奇，特别是到了晚年几乎是才思渐退。白发江淹再也找不到年轻时那种文思如潮、下笔如有神助的感觉了。

　　这到底是怎么回事呢？据江淹自己说，他在任宣城太守时，被罢官归乡，途中停泊在禅灵寺岸边。夜晚梦见一个自称是张协的人，向他讨还一匹彩锦。江淹满脸困惑，向张协深深地作了一个揖，而后道："前辈，您去世时，我还没有出生，您怎么可能会有东西寄存在我这儿？"张协怒道："你这人好生奇怪，难道我会凭空讹诈你不成？"江淹见状，急忙在自己身上摸索，忽觉前襟突出一块，探手入怀，果然取出几尺彩锦。霎时间，江淹脸涨得通红，张协笑道："你这后生不老实。"张协边说边接过江淹双手递还的彩锦，他顺着风势将彩锦一抖，七色的亮光晃得人睁不开眼，可惜，它尚余不足三尺。张协极为不满，厉声质问江淹："你怎么把它裁割得快没有了？"一回头看到当时著名的文学家丘迟站在不远处，张协顺手把彩锦递给丘迟，并且说："剩下的这几尺，我留着也没什么用，就送给你吧。"说完，把余下的彩锦硬塞到丘迟手中。从此，江淹写文章便常常阻塞不畅了。

还有一种说法是，有一次，江淹在冶亭休息，睡梦中迷迷糊糊看见一个身着蓝衫的人向他走来，那人自称是西晋著名的文学家郭璞。郭璞向他讨还彩笔，还说这支笔已经在江淹这儿放了好多年，如今应该归还了。江淹在怀中一阵摸索，果然在怀中取出一支五色彩笔，接过江淹交还的彩笔，郭璞便飘然而去。从此以后，江淹变得才思枯竭，所谓的妙笔生花似乎已经化作多年前的美好回忆。当时的人都惋惜地说："江郎才尽了！"

后来，人们就用"江郎才尽"来比喻才思衰退或才思枯竭。

智慧仁爱的孔融

孔融（153—208），字文举，是东汉末期的著名学士，曾经在北海做官，又称"孔北海"，和曹操之子曹植等人并称"建安七子"。

孔融是孔子的二十世孙，泰山都尉孔宙的儿子。孔融从小聪明过人，尤其长于辞令，小小年纪，已在社会上享有盛名。孔融同时还是一个懂礼貌、讲谦让的人，"孔融让梨"的故事可谓家喻户晓，被作为中国传统美德的典范，世人代代传颂。

孔融小时候，都城洛阳的行政长官李元礼是一位十分有名的学者。日常拜访他的人很多，如果来访者是无名之辈，守门的人照例是不通报的。

年仅十岁的孔融很想见见这位大学者。一天，他来到李元礼的官府门前，

孔融让梨

请守门人通报李元礼。但守门人见对方只是一个孩子,就打算随便把孔融打发走。孔融灵机一动,对守门人说:"我是李先生的亲戚,他一定会见我的。"

守门人一听说是李元礼的亲戚,不敢怠慢,马上通报主人。谁知李元礼听到守门人的通报后,却倍感奇怪,因为自己并没有这样一位亲戚。不过还是决定见见他。

李元礼见到孔融,就好奇地问他说:"请问你和我有什么亲戚关系呢?"

孔融不紧不慢地回答道:"我是孔子的后代,你是老子的后代。天下的人都知道孔子曾向老子请教过关于礼节的问题,他们是师生关系,所以说我和你也是世交呀!"

孔融所说的,在中国历史上确有其事。与孔子同时代的哲学家老子本名叫李聃,是道家学派的创始人。孔子当年碰到自己不懂的问题,就自称学生,谦虚地向李聃请教。

李元礼的家里当时有很多宾客在座,大家对年仅十岁的孔融竟能如此博学和随机应变感到惊奇,李元礼更是为能结交这样一位神童做亲戚感到十分骄傲。

正在这时,一个叫陈韪的人来拜访李元礼。陈韪是一位颇有些名气的学者,官拜上大夫,平时十分高傲,自以为是,目中无人。在座的宾客将孔融刚才的表现告诉他。谁知陈韪却不以为然,当着孔融的面随口说道:"小时了了,大未必佳。"意思是说,小时候虽然很聪明,长大了却未必能够成才。聪明的孔融立即反驳道:"我想陈先生小的时候,一定是很聪明的。"言下之意是说陈韪现在是一个庸才。陈韪被孔融这句话噎住了,半天说不出话来,涨得一脸通红。

孔融长大后,东汉已经衰落,国家出现分裂,历史上的"三国时期"即将开始。孔融秉承了祖先孔子"兼济天下"的抱负,在言行及写作中常常流露出对时局的担忧和不满,引起了当权者的不满,最终被曹操所杀害。

孔融对陈韪的傲慢,巧妙回击,成功地运用了"逆推法"。利用对方的原话反过去再说给对方。虽是针锋相对,但是又不直接说破,绵里藏针反映出了孔融敏捷的思辩能力。

孔融在北海做官时,召王修为主簿。王修为人正直,从不贪赃枉法,在

第三章 秦汉魏晋时期的文人

北海为官期间有口皆碑，后来被举荐为孝廉。但是王修想把这个名额让给邴原，邴原也是个非常孝顺，非常有学问的人才。孔融听到这个消息后，感到非常震惊，对王修的举动十分地不理解，于是就去找王修谈话。孔融对王修说："我已经知道了，邴原是个很贤德的人才，他的人品和才华大家有目共睹，你把孝廉的名额让给他也十分地可敬啊！以前高阳氏颛顼担任部落联盟首领的时候，有八个才子，尧不能任用，而则加以保举。邴原可以说十分贤德，他既然是个有才能的人，就不愁没有出人头地的机会，也不会因为没有地位就患得患失，你就把举荐邴原的机会留给后来的贤才，你看这样可以吗？"可是王修再次拒绝了。孔融见王修十分地执着，就继续对他说："在官府中当官应该廉洁清正，能够忍受种种苦难和意想不到的考验，要有智谋，遇到事情要能够随机应变，处乱而不惊，不能犯错误，要教化百姓不知疲倦，遇到困难要想尽办法渡过，不能随便放弃。我非常欣赏你的功劳，欣赏你的美德，所以才提拔你在官府中做官，难道你能够推辞吗？"后来郡中有人造反叛乱，杀人放火，百姓受到骚扰而无法安心生活，官府也惶惶不可终日，于是王修就连夜跑到孔融的住处前来帮助孔融对付叛军。叛乱者刚刚行动，孔融就对他的手下和左右文臣武将说："这个时候，能够冒险前来帮助我的只会有王修一个人，我不会看错他的。"孔融的话音刚落，王修就急匆匆地带人赶到了。王修的到来令所有的人十分高兴，军心大振，众人一鼓作气将叛贼剿灭，王修也成了剿灭叛乱的最大功臣，得到了朝廷的奖赏和孔融的赞扬。

从此之后，孔融对王修更加地信任，两个人的交情也越来越深。每当孔融有危险的时候，王修虽然已经不在任上，但是他仍然会带着人前去帮助孔融，有时候甚至冒着生命危险也在所不惜，孔融因此经常能够躲避灾祸，逢凶化吉。

王修有古代君子的谦谦之风。他不重名利。而孔融为了举荐王修做官，从另一个方面向王修阐述了为官的重要性：做官并不仅仅意味着地位荣耀更要肩负着造福于民的重大使命。

田园诗人的代表——陶渊明

陶渊明，浔阳柴桑（今江西九江）人，生于365年，卒于427年。东晋田园诗人，开创了诗歌的创作领域和艺术境界，他的不事权贵、隐逸田园的隐士精神影响了中国历代文人。

陶渊明名潜，字元亮，生于浔阳柴桑（今江西九江）的一个官宦之家。他的曾祖父陶侃是东晋的开国元勋，因军功显赫而官至大司马，总督八州军

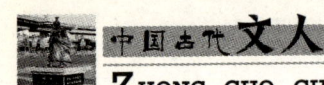

事。他的祖父也当过武昌太守。然而，到陶渊明出世的时候，他们陶家已经家道中落，无复当年了。少年时代，陶渊明好学深思，读了大量书籍，并从儒家学说那里接受了出仕思想，希望大济苍生。

陶渊明的一生中有好几次为官的经历，然而每一次都因为适应不了官场上虚伪的应酬拂袖而去。陶渊明在29岁那一年第一次出门做官。担任一个祭酒的官职，他的上司是王羲之的儿子，仗着贵族出身，没有什么真本事，还迷信一种奇怪的道教，整天忙着炼丹服药，想长生不老。陶渊明看到这样的情况，觉得这样的人不能管理国家大事，而在这种人的手上供职实在大挫雄心，于是没过多久他就提出了辞呈。

回家以后陶渊明潜心读书，并在自己住的房子前边栽了五棵柳树。他经常在柳荫下面读书。他读书的范围很广，诸子百家，诗词歌赋百读不厌。读到高兴的地方，连饭都忘了吃。他的院子的围墙残破，到处长着野草。可他精神总是那么愉快。在那段时间陶渊明写了一篇《五柳先生传》，把自己的生活和理想写得如天空中飞翔的鸟一样自由自在。

读书自然愉快，可因为没有经济来源，生活越来越贫困了。

一天，陶渊明的叔叔来看他，见他家境一贫如洗，五个子女都饿得骨瘦如柴。叔叔很心痛，语重心长地劝陶渊明，应该去谋个一官半职，好养家糊口。这不是为自己，而是为了妻子儿女谋生。

陶渊明叹了一口气，点点头。地方官知道了这一消息，就推荐他去彭泽县做县令。彭泽县在现在的江西省，距离他家很远。他把妻子儿女留在家里，自己背井离乡来到彭泽县。当时陶渊明已经40岁了。他怕家里妻子儿女生活艰难，就花钱雇了一个小伙子。到家里帮助做一些田里的农活。他望着跟自己长子一样大的小伙子，不由得生出同情怜爱之情，于是写了一封信，让小伙子带回家里。他在信里对他的长子说，你要像对待自己的亲兄弟一样对待这个小伙子，不可摆主人的架子，决不要欺负他。

这一次，陶渊明出外做了80天县令，但最终还是因为他厌恶官场的腐败生活而决心归隐。回到家里，妻子和孩子虽然非常高兴，但还是觉得很意外。他则为自己毅然辞官而自豪，于是提笔写了一首著名的诗篇《归去来兮》：归去来兮，田园将芜胡不归！实迷途其未远，觉今是而昨非。

他在这篇著名的诗篇中，表示决不再去做官，而要在农村住一辈子，好好种地。还有一首《归田园居》的诗，也表达了他热爱田园生活的思想。

他的作品表现了很高的气节，表现了作者对当时社会的不满以及对理想社会的追求。陶渊明热爱劳动，热爱乡村，常常陶醉在美丽的田园风光之中。

第三章 秦汉魏晋时期的文人

和农民一样,心甘情愿地过着艰苦的生活。他在一首诗里写道:

种豆南山下,草盛豆苗稀;晨兴理荒秽,带月荷锄归。

道狭草木长,夕露沾我衣;衣沾不足惜,但使愿无违。

陶渊明流传于世最著名的作品是《桃花源记》,远离尘嚣的仙境般的村舍田园千百年来一直被人们所向往,文章中寄托了他对宁静淡泊的隐逸生活的向往和迷恋。

作为文学史上最成功的隐逸诗人,陶渊明的诗文在当时并未引起人们的关心,直到南北朝时期的诗评家钟嵘在《诗品》中才读到他的作品,但是未得到应有的评价。

真正有价值的作品是不会被埋没的,陶渊明的作品到了唐朝,开始大放异彩,几乎所有的大诗人都对他的作品倾慕和崇拜,敬仰他那种超乎世俗凡尘,心归自然的洒脱与悠然自得。从此,他逐渐成了中国文学史上地位最为显赫,影响最深远的文学大家之一。

"画绝、文绝和痴绝"——顾恺之

顾恺之(348年—409年),字长康,小字虎头,汉族,晋陵无锡(今江苏无锡)人。顾恺之博学有才气,工诗赋、书法,尤善绘画。精于人像、佛像、禽兽、山水等,时人称之为三绝:画绝、文绝和痴绝。顾恺之与曹不兴、陆探微、张僧繇合称"六朝四大家"。顾恺之作画,意在传神,其"迁想妙得"、"以形写神"等论点,以及提出的"六法",为中国传统绘画的发展奠定了基础。

顾恺之346年生于晋陵无锡。他对一些世俗事物的率真、单纯、乐观、充满真性情的生活态度,就曾经在若干传说故事中被形容为"痴"。但也有一些是形容他的聪明的,所以曾有人说他身上"痴黠各半"。他不只是在绘画艺术方面表现出了卓绝的才能,也是一个擅长文学的人。他遗留下来的残章断句中,保存着形容浙东会稽山川之美的"千岩竞秀,万壑争流,草木蒙茏,若云兴霞蔚"的名句。他曾被当时人称为"才绝、画绝、痴绝"。

相传,有一年春天,他要出远门,于是就把自己满意的画作集中起来,放在一个柜子里,又用纸封好,题上字,交给一位叫桓玄的人代为保管。桓玄收到柜子后,竟偷偷地把柜子打开,一看里边都是精彩的画作,就把画全部取出,又把空柜子封好。两个月后,恺之回来了,桓玄把柜子还给恺之,并说,柜子还给你,我可未动。等恺之把柜子拿回家,打开一看,一张画也没有了。恺之惊叹道:妙画有灵,变化而去,犹如人之羽化登仙,太妙了!太妙了!

又有一次，还是他的那位"好"朋友桓玄，非常郑重地对他说：你看，我手中拿的这片树叶，是一片神叶，是蝉用来藏身的，人拿了它，贴在自己的额上，别人就立刻看不见你了。恺之听了特别高兴，而且特别相信。随即把那片叶拿过来，贴在自己额头上。略过了一会儿，桓玄竟然在他面前撒起尿来，恺之不以为怪，反而相信桓玄看不见他了，所以才有如此动作。

义熙三年（407年），恺之做了散骑常侍，心里很高兴。一天晚上，在自家院子里，看着明月当空，诗兴大发，于是便高声吟起诗来，他的邻居谢瞻，与他同朝为官，听到他的吟咏，就隔着墙称赞了他几句。好，这一称赞不要紧，恺之一时兴奋，忘了疲倦，一首接一首，一句接一句，没完没了地吟起来。谢瞻隔着墙陪着折腾了一会儿感到累了，就想回屋睡觉，于是就找了一个下人代替他和隔墙的那一位继续折腾。人换了，调变了，恺之不知有变，就这样，一直吟咏到天亮才罢休。

顾恺之的绘画在当时享有极高的声誉。我国古代东晋，在南京建造了一座佛教寺庙叫瓦棺寺，寺庙落成后，和尚请众人捐施。一天，有位年轻人来到寺庙，在捐款薄上写了个"百万"的数字，人们都有很惊讶，因为数日来，在众多捐施者当中，还没有一个人捐款超过十万的，大家以为这个小名叫"虎头"的穷年轻人吹牛乱写，所以和尚当即让他把写的数目涂掉，但是这位年轻人却十分有把握地说："别忙！你们先给我找一面空白墙壁。"于是，他就关起门来，在指定的空白墙壁上画了一幅唯独眼珠没有画像。

这时，年轻人对和尚说："第一天来看画的人，每人要捐十万钱给寺庙；第二天捐五万钱，以后，捐助数目由你们规定。"等这位青年人当众点画眼珠时，寺门大开，如同神光显耀，满城轰动，人们争相来寺观画。纷纷称赞这幅画画得生动传神。看画的人络绎不绝。没有多久，百万数目就凑足了。

这就是顾恺之曾为南京瓦棺寺绘壁画募得巨款的故事，可见他的绘画之吸引力。

顾恺之的作品，据唐宋人的记载，除了一些政治上的名人肖像以外，还画有一些佛教的图像，这是当时流行的一部分题材。另外还有飞禽走兽，这种题材和汉代的绘画有联系。他也画了一些神仙的图像，因为那也是当时流行的信仰。而最值得注意的是他画了不少名士们的肖像。这就改变了汉代以宣扬礼教为主的风气，而反映了观察人物的新的方法和艺术表现的新的目的，即：离开礼教和政治而重视人物的言论丰采和才华。这表示绘画艺术视野的扩大，从而为人物画提出了新的要求——表现人的性格和精神特点。在顾恺之的著作言论中，反复强调描写人的神情和精神状态。

第三章 秦汉魏晋时期的文人

《广陵散》与嵇康

魏晋之际,司马懿父子残酷诛伐异己,其用心之恶毒狡诈,手段之卑鄙残忍,世所罕见。嵇康因公开反对司马氏,并且又得罪了钟会,于是被诬以罪名判了死刑。

临刑那天,嵇康被押往洛阳东市,三千名太学生上书司马昭,请求朝廷赦免嵇康,并愿拜嵇康为师。可是司马昭不答应。嵇康神色自若,从容地看看日影,估计离行刑的时间还早,便向监刑官要了一张七弦琴,在生命的最后时刻弹奏了一曲悲歌《广陵散》。

《广陵散》是我国古代一首著名的琴曲,相传这首曲子描写了王陵、毋丘伦等人在广陵败散的情事。它失传久已,嵇康是如何会弹这首古曲的呢?据说,嵇康以前在洛阳西面一带游历时,有一夜住宿在华阳亭,夜晚,风清月高,嵇康拿出琴来演奏,优美的琴声与大自然和谐地融为一体。一位鹤发童颜的老者忽然来访,自称是古人,与嵇康谈论音乐,言辞清丽明辩。嵇康被老人的才学所折服,倒地便拜。于是,老人用嵇康的琴弹奏了一支古曲,他告诉嵇康,这就是失传已久的古曲《广陵散》。虽然它美轮美奂,但却很少有人能够理解它的精髓,所以几千年来,也极少人能听到它,亲自演奏者更是少之又少。当晚,老人把《广陵散》古曲传给嵇康,并叫他发誓不再传授给别人,也不要说出他的姓名。

一曲弹罢,嵇康仰天叹息说:"当年袁孝尼曾想跟我学《广陵散》,我不肯教。今天,我嵇康一死,《广陵散》从此就不传了!"说完,俯首就戮,年仅四十岁。

嵇康刚直不阿的品格和视死如归的气概千百年来为中国知识分子所景仰,他的悲剧成了无数志士仁人抒怀的题材。南宋女词人李清照在《咏史》诗中说:"两汉本继绍,新室如赘疣。所以嵇中散,至死薄殷周。"从这个意义上说,嵇康虽死犹生。

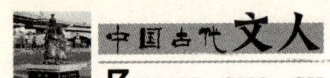

咏絮才的谢道韫

谢道韫是东晋著名政治家、玄学家、诗人谢安的侄女，因为她聪慧有识，能清言、善属文，所以在魏晋文坛中占有一席之地，同时，她也是魏晋时期为数不多的女诗人之一。

有一次，谢安在众子弟聚集清谈的时候，问《毛诗》哪一句最佳。侄子谢玄说："昔我往矣，杨柳依依；今我来思，雨雪霏霏。"谢道韫则认为："吉甫称颂，穆如清风，仲山甫永怀，以慰其心。"更有清新动人、沁人心脾的意境美。

还有一次，因天降大雪，谢安在家闲暇无事，就把晚辈们召来，围着火炉一起赏雪共论文义。望着天空中上下飞舞的雪花，谢安兴致勃勃，他环视了一下围坐在自己身边的子侄们，指着窗外的鹅毛大雪信口吟出："白雪纷纷何所似？"话音还未落地，侄儿谢朗便抢先和道："那自然是'撒盐空中差可拟'喽。"

"'撒盐空中差可拟'？胡儿（谢朗的乳名），你仔细看呐，雪花自空中飘然而至，它多么洁白，多么柔软，你居然把它比作硬得像石子一样的大盐粒，太没有诗意了吧！"谢朗刚坐下，便遭到哥哥们的抢白。谢朗的脸霎时变得通红，他争辩道："你们说我的'撒盐空中差可拟'不好，那你们对一句好的让我瞧瞧！"

一时间，大伙儿吵得不可开交。刚满七岁的谢道韫静静地坐在一旁默不作声，左手托腮凝神思索，过了一会儿，谢道韫缓缓站起身，朗声说道："我对'未若柳絮因风起'，大家看如何？"谢道韫将漫天飞舞的大雪与风吹柳絮满天飞相比，从形态上来看，空中飘扬的雪花与因风而起的柳絮极为相似，同时，把眼前的雪花比作春日的柳絮，给人创设了更为广阔的想象空间，使人们对明媚的春天充满无限的期待。

谢安听罢哈哈大笑，连说："好，好，好啊！"不难看出，谢安非常欣赏侄女的才思。

从此，"未若柳絮因风起"的诗句便不胫而走，人们纷纷赞叹，称谢道韫是当世的"咏絮才女"。同时，"咏絮才"也成为人们对工于吟咏的才女的赞词。

谢道韫出身于当时的名门望族——谢氏家族，王、谢是东晋时的大姓，按照世家通婚的惯例，谢道韫嫁给了王氏家族成员大书法家王羲之的儿子王

第三章 秦汉魏晋时期的文人

凝之。

结婚以后，谢道韫发现王凝之除了字写得好一点之外，其余的方面都不是太突出。谢道韫认为王凝之的资质、才学同自己要求的条件相差太远，因此，回到娘家，见到以前朝夕相处的亲人，谢道韫也提不起精神来。她眉头紧锁，笑脸难开，伯父谢安看见了，非常不解，小声问谢道韫："王郎是王羲之的儿子，人不错，嫁给了他，你还有什么不高兴的？"谢道韫回答说："伯父，你看我谢家一门子弟都是人才，叔、父辈有阿大、中郎，堂兄弟又有封、胡、羯、末，个个才思敏捷，学识过人，和你们相处久了，我真不会想到天底下竟还有像王郎这样才疏学浅的人！"

谢道韫所说的"封"指的是谢韶，"胡"指谢朗，"羯"指谢玄，"末"指谢川，封、胡、羯、末是他们的小名。后来人们借用"封胡羯末"来称赞别人家的兄弟才华出众。

三都一成，洛阳纸贵

"洛阳纸贵"这个成语现在很多人都知道，但是它由来于哪里呢？原来，在西晋太康年间有一位很有名的文学家叫左思，他曾作了一篇《三都赋》在京城洛阳广为流传，人们啧啧称赞，竞相传抄，一下子使纸价昂贵了几倍。原来每刀千文的纸一下子涨到两千文、三千文，后来竟倾销一空；不少人只好到外地买纸，抄写这篇千古名赋。

然而，《三都赋》从创作到名声名大噪却历经了很多曲折。

在左思小时候，他的父亲就一直不看好他。父亲左雍从一个小官吏一直做到御史，他见儿子身材矮小，貌不惊人，说话结巴，总显出一副痴痴呆呆的样子，就常常对外人说后悔生了这个儿子。直到左思成年，左雍还对朋友们说："左思虽然成年了，可是他掌握的知识和道理，还不如我小时候呢。"

好强的左思不甘心受到这种鄙视，便开始发愤学习。当他读到东汉班固写的《两都赋》和张衡写的《两京赋》时，虽然很佩服文章的宏大气魄，华丽的文辞，写出了东京洛阳和西京长安的皇城气派，可是也看出了其中虚而不实、大而无当的弊病。他决心依据事实和历史的发展，写一篇《三都赋》，把三国时期的魏都邺城、蜀都成都、吴都南京写入赋中。

为写作《三都赋》，左思开始收集大量的历史、地理、物产、风俗人情的资料，以使得笔笔有着落有根据。收集完成后，他便闭门谢客，开始一心创作。他在一个满是书纸的屋子里昼夜冥思苦想，常常好久才推敲出一个满意

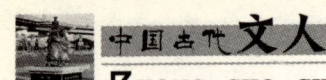

的句子。经过十年艰辛，这篇凝结着左思甘苦全心血的《三都赋》终于完成了！

可是，令左思没有想的的是，当他把这篇呕心沥血之作拿给别人看时，却受到了无情的打击。当时著名的文学家陆机也曾起过写了《三都赋》的念头，他听说名不见经传的左思在写了《三都赋》，就挖苦道："不知天高地厚的小子，竟想超过班固、张衡，太自不量力了！"陆机还给弟弟陆云写信说："京城里有位狂妄的家伙写了一篇《三都赋》，我看他写成的东西只配给我用来盖酒坛子！"

在当时的文学界，那些文人们一见作者是位无名小卒，就根本不予细看，摇头摆手，就把一篇《三都赋》说得一无是处。左思不甘心自己的心血遭到埋没，便找到了著名文学家张华。

张华先是仔细阅读了《三都赋》，然后仔细询问了左思的创作动机和经过，当他再回头来体察句中的含义和韵味时，不由得为文中的辞赋深深打动了。他越读越爱，到后来竟不忍释手了。他称赞道："文章太好了！那些世俗文人只重名气不重文章，他们的话是不值一提的。皇甫谧先生很有名气，而且为人正直，就让我和他一起把你的文章推荐给世人吧！"

皇甫谧看过《三都赋》以后也是感慨万千，他对文章予以高度评价，并且欣然提笔为这篇文章写了序言。他还请来著作郎张载为《三都赋》中的魏都赋做注，请中书郎刘逵为蜀都赋和吴都赋做注。刘逵在说明中说道："世人常常重视古代的东西，而轻视新事物、新成就，这就是《三都赋》开始不传于世的原因啊！"

在这些名人的作序推荐下，《三都赋》很快风靡京都，文学界无一不对它称赞不已。甚至以前讥笑左思的陆机听说后，也在重新细细阅读一番后，点头称是，连声说："写得太好了，真想不到。"他断定若自己再写《三都赋》决不会超过左思，便就此停笔。

我们可以看到，同是一篇文章，有人将它贬得一钱不值，有人使之名噪一时。这其中当然有鉴别力高低的区别，更重要的是反映了人们是否重视新生力量，能不能慧眼识英才的问题。

寄情山水诗的谢灵运

谢灵运，是东晋著名的诗人。他的祖父是东晋名相谢玄。谢家在东晋的地位十分显赫。

第二章 秦汉魏晋时期的文人

谢灵运年轻十分好学,他博览群书,写的文章非常优美。他的才情很为他的堂叔谢琨所赏识。

东晋末年,谢灵运历任名将刘毅的记室参军、秘书丞、中书侍郎、相国从事中郎等官,并且袭世爵做了康乐公。可是政局动荡不安,元熙二年,宋武帝刘裕篡位建立了刘宋王朝。谢灵运便被降爵为康乐侯。从此,他在官场中越来越不得意。这大半是因为谢灵运个性偏激,多违"礼度"。宋武帝不重视他,他却认为自己才华过人,应该参与权要。因不被重用,他便益发地愤懑。

景平元年,宋武帝驾崩,少帝即位,朝中大权落到了重臣的手里。对此,谢灵运十分不满,常常攻击权贵,因而被权贵们忌恨,被贬为永嘉太守。他对贬官极为不满,于是便不理政事,带人肆意游览名山大川。每到一地,他常常题诗吟咏。他的《登池上楼》一诗,写得清新隽永,是著名的山水诗,其中名句:"池塘生春草,园柳变鸣禽。"成为千古流传的佳句,历来极为诗人们所推崇。

元嘉元年,宋文帝即位,召谢灵运做秘书监。当时谢灵运隐居在会稽,不愿意出仕。经过光禄大夫范泰的催促,才进京任职。以后,他又担任了侍中和临川内史等官职。元嘉十年,有人向朝廷告发说他想谋反。朝廷派随州从事郑望生去抓他,他却把郑望生抓了起来,兴兵叛逃。他在官衙的壁上留了一首诗,写道:

　　韩亡子房奋,秦帝鲁连耻。
　　本自江海人,忠义感君子。

他在诗中表明他起兵是要替晋朝复仇。然而,他很快就失败了,被收捕入狱,流放南海(即广州)。后来,他在南海被杀,死时只有49岁。

也有人传说谢灵运是因为他的诗句遭人忌妒而被害的。这种说法没有什么史料根据。怕只是后人的杜撰,因此是不足信的。不过,这样的传说的形成,恐怕和他的诗流传颇广、艺术水平较高不无关系吧!

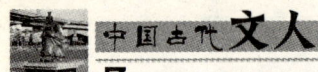

天生刘伶以酒为名

刘伶，魏晋时沛国人。他相貌奇丑，行为奇特，有名士神韵，因其对玄学有超出常人的领悟，故当时人将他与阮籍、嵇康、山涛、阮咸、向秀、王戎合称为"竹林七贤"。然而，刘伶在文学史上的影响之大，不仅在于他是"竹林七贤"之一，还来源于他嗜酒如命、肆意放旷的传奇故事。

据说，刘伶常常驾着鹿车，在荒郊旷野漫无目的地行走，鹿车上没有其他东西，只有一个盛满酒的大坛子。车后跟着一个扛着锸的僮仆，他时常对僮仆说："我走到哪儿，就醉到哪儿，醉死在哪儿，你就挖个坑把我埋在哪儿。"

还有的时候，刘伶在家里喝醉了，就脱光衣服，在屋内跑来跑去，边跑边大声念诗。有人看见了，讥笑他不遵礼法，毫无廉耻之心。刘伶说："我把天地当作房屋，把居室当作衣裤，各位为什么钻到我的裤子中呢！"

应该说，刘伶的这种嗜酒放旷是他应对"天下多故，名士少有全者"的社会现实的权宜之策，也是他与礼法名教抗争的一种方式。作为正直的知识分子，刘伶有理想、有抱负，他渴望思想与形体都得到解放。然而，不容忽视的是，刘伶的这种放浪形骸也对后世产生了不少消极的影响，因为种种原因，这种所谓的放旷又在西晋胡毋辅之诸人身上重现，可以说，刘伶的放达，开一代颓风。

第四章

唐宋时期的文人

　　唐代是我国政治、经济高度发展,文化艺术空前繁荣的时代。其文化以恢宏雄浑的气派和魅力辉映着中国文坛。唐代文人中,虽然也有出身于世家豪门的贵族子弟,但是,其基本队伍是出身于寒素之家的庶族地主阶层的知识分子。这种新的社会风尚,正反映了当时庶族地主阶层的利益和要求。他们"布衣卿相"的政治抱负,正是这个阶层在政治上、经济上不断勃起的反映。

第一节
唐朝的文人风采

陈子昂摔琴为文章

陈子昂（661—702年），字伯玉，梓州射洪（今四川射洪县）人。自幼具有豪侠浪漫的性格。是唐代诗歌革新运动的扛旗人，他那首脍炙人口的"前不见古人，后不见来者；念天地之悠悠，独怆然而涕下"的《登幽州台歌》，由于有着深邃的内涵，铿锵的韵律，使人百读不厌。

据说，陈子昂出身于富豪之家，慷慨任侠、机警过人，但在京城这陌生之地，一时还施展不开。开始，陈子昂也像其他人一样，把自己的得意之作不停地进献给文坛的名宿大佬。但总是石沉大海，没有回音，显然没有人愿意赏识他。为此，陈子昂常有英雄扼腕之叹。

一天，长安东市热闹的商业区里，来了一位外地人，手里拿着一把光亮照人、精美绝伦的胡琴，标价出售。卖主对每个讨价还价的人说的都是同一句话："一百万就是一百万，少一个子儿不卖。"一百万，在当时可是一大笔巨款啊！谁能够出这么大的价钱来买一把胡琴？这个消息几天便沸沸扬扬地传遍了长安城。好奇之心，人皆有之。每天从四面八方赶到东市来观看这把胡琴的人，络绎不绝。胡

陈子昂

第四章 唐宋时期的文人

琴一时成了整个长安城各阶层人士关注的焦点。

善于思考的陈子昂决心借这把胡琴为自己引路，邀约了几个朋友一起来到东市。陈子昂拿起这把琴，上上下下打量一番，大声说："好琴，绝对是货真价实的好琴。"然后对卖主说："就依你这个价，这把琴我买了！"说得非常干脆。

围观者无不向陈子昂投以惊异、羡慕的目光，口中发出一片"啧啧"之声。同来的朋友对陈子昂说："你疯了不成。你也不想想这一百万是多少钱！花这么高昂的价格购买一把胡琴，值得吗？你要干什么呢？"

陈子昂对朋友说："我喜爱音乐，精通琴艺，买回去，当然用它来演奏。我还没见到过这么好的琴，既然是好琴，多花点钱，也是值得的呀。"

这时人群中有人高声说："买琴的这位先生，既然你有高超的演奏技艺，买的又是一把天下无双的好琴，何不当众演奏一曲，让我们一饱耳福呢？"

陈子昂笑笑说："当然可以。不过弹琴要有一定的气氛，要有条件，比如，要焚上一炷香，要有琴童侍立，这样弹起琴来才会富于情趣。随随便便地奏一曲，岂不辜负了这把价值连城的好琴吗？"说着，他用手指指向不远处那一片鳞次栉比房屋说："那里是宣阳里，我就住在那里。你们有雅兴听琴的话，欢迎明天上午到寒舍去。我恭候各位的大驾光临，也期待着所有才高名重的朋友一起莅临指教。"

于是，这样一个精通琴艺、慷慨好客的人立即成了长安城中街头巷尾议论的话题。

第二天上午，宣阳里的陈子昂家中热闹异常，一二百个嘉宾把家里挤得满满的，不少人只得站在院子里。这些人中三教九流，各色人物都有，其中以文士居多。陈子昂兴奋得脸上焕发出光采，跑进跑出，指挥家人端茶递水，忙得不亦乐乎。

一个来客有些焦急了，对陈子昂说："我们慕名而来，是想听听先生演奏美妙琴声的。请快弹奏一曲吧！"

神采飞扬的陈子昂站在人群中间，大声说："感谢各位朋友的光临。"说着他抱拳向众人施礼致谢，继续说："我来自巴蜀之地，胸怀大志，腹有文才。我写的诗文，不敢说字字珠玑，但绝不是平庸之作。我曾把诗文投献给一些知名学者。然而，太遗憾了，他们却连看一看的时间都没有，这是因为他们还没来得及了解我。"陈子昂看到人们都在聚精会神地听着他的话，十分高兴，便伸手从书僮手里接过琴，慷慨激昂地转了话题，"我会操琴演奏，而且技艺不凡，但我不想把时间耗费在弹琴上面，因为那是梨园弟子做的事。"

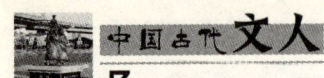

话音未落，他便举起手中的琴，"嘭"的一声摔在地上，耗费百万的一把琴竟被他摔碎了。众宾客一时哗然，不知陈子昂的葫芦里到底装着什么药。

陈子昂以十分自信的口气说："我要做的事就是写文章。你们看，我已写好了上百篇文章，我还会继续写下去的。今天，我请诸位来，就是想请诸位帮我鉴定一下文章的质量。如果不好，我马上放把火把它们烧了；如果还有一点价值的话，就请诸位多美言几句吧。"

这时只见小书僮捧出一卷卷誊抄工整的文章，陈子昂依次送给每位来宾一卷。客人们恍然大悟：陈子昂是在借此机会宣传自己的文才。

陈子昂的文才的确属于上乘，他的文章刚劲质朴，有西汉文学家司马相如、扬雄的风格；他写的诗歌格调清新、明朗刚劲，有汉末"三曹"和"七子"的风骨。人们透过陈子昂的非常之举，进而真正认识了他。就在一天之内，陈子昂的名声传遍了帝京长安。他从一个无名之辈，一跃成为大众宣扬的新闻人物。从此，陈子昂的身价倍增，大街小巷到处都可以听到有人吟诵陈子昂诗篇和朗读陈子昂文章之声。

知识链接

章台柳的爱情故事

韩翃年轻时，就以才学渊博，而有名望。他曾写过《寒食》诗，其中"春城无处不飞花，寒食东风御柳斜"是脍炙人口的佳句。韩翃性格沉稳，不爱高谈阔论，当时知名人士都喜欢和他来往。淄青节度使侯希逸十分欣赏他，向皇帝推荐他做淄青的从事。但因为时势混乱，韩翃赴任时，不敢带家姬柳氏同往，就把她安置在京城里，约定等时局稳定些再来接她。一晃三年过去了，韩翃却始终没有来。

柳氏在家里日也盼，夜也盼，总算盼来了韩翃的消息。韩翃托人给柳氏捎来了一个白丝囊，里面盛有黄金和一首诗。柳氏打开诗稿，上面写道：

章台柳，章台柳，往日青青今在否？

纵使长条似旧垂，亦应攀折他人手。

第四章 唐宋时期的文人

诗的大意是：柳氏啊，柳氏，你还像过去那样姿态依旧吗？即便如此，恐怕也早被别人将你摘走。韩翃写诗的目的很简单，就是想试探柳氏是否改嫁。柳氏看后，随即复诗一首：

　　杨柳枝，芳菲节，可恨年年赠离别，
　　一叶随风忽报秋，纵使君来岂堪折。

意思是说，我像杨柳的叶子有着芬芳可贵的节操，可惜每年都要互赠离别，一片片柳叶随风飘落向人们报告秋的消息，如果到那时你再来找我，我就像那秋天的杨柳枝一样不值得攀折了，以此来披露内心的痴情和幽怨。

此后，柳氏一直独居京城，历尽几番周折才得以与韩翃团聚。虽然时间已经过去了一千多年，但他们传奇的爱情故事却流传下来，"章台柳"成为文坛佳话。

滕王阁王勃才惊四座

王勃，字子安，绛州龙门人。他7岁时就能做文章，14岁时，就能即席赋诗。这一年，他去探望父亲，路过洪州时，参加了都督阎公的滕王阁宴，即席写下了《滕王阁序》和《滕王阁》诗，文惊四望，堪称千古美谈。

滕王阁是滕王元婴在洪州任都督时所建，故称为洪府滕王阁。因其雄峙在汉江边上，因而成为游览胜地。公元663年9月，现任洪州都督阎伯屿在阁内大宴宾客，邀请了许多知名人士出席。王勃路过此地，也应邀而来。他人小名气也不大，因而被安置在末座。阎伯屿早已命他的女婿孟学士作了一篇《滕王阁序》，打算在酒席宴前显露一手，夸耀于人，也让他这做岳父的脸上有光。

宴会开始后，众宾客觥筹交错，互为恭贺，好不热闹。正在酒意酣畅之时，阎伯屿站了起来，得意洋洋地对众宾客说："今日诸位在此阁上欢聚一堂，实是难得的盛会，不可无文章以记今日之盛。诸位都是当今名士，文采风流，尚望珠笔一挥，写赋为序，使高阁与妙文，同垂千古。"说完，就装模作样地遍请宾客做文。

宾客们早知其意，哪里肯写，不是谦称才疏学浅，不敢献丑，就是借口病体未愈。推来推去，最后轮到了王勃。王勃却不推辞，立即接过笔墨，站起身来，拱手说道："不才探父路过洪州，有幸赴都督盛宴，不胜感激。都督盛情难却，不才斗胆试笔，尚望都督及诸位先生不吝赐教。"众宾客见这位三尺少年，一介书生意气毫不谦让，不由大吃一惊。阎伯屿满心不快，却又不便当众发作，只得强作笑颜，拱手道："愿闻佳作，愿闻佳作！"

只见王勃凝神肃立了一会儿，忽地卷起袖口，用力握起笔管，饱蘸墨汁，奋笔疾书起来。众人见此情景，无不议论纷纷，有人说王勃不知天高地厚，敢与公子比试文才；有人却说此少年风度翩翩，不可小视。阎伯屿听到这些议论，心中更是不快，便索性走出宴所，站在阁外，凭栏眺望江景，以此消遣心中的烦闷。他暗嘱部下将王勃写的句子随时抄来，报与他知。

顷刻之间，一个部下跑来报告《滕王阁序》的开头两句："南昌故郡，洪都新府"。阎伯屿一听，只冷冷一笑道："只不过老生常谈耳！"话音刚落，又有人来报："星分翼轸，地接衡庐。襟三江而带五湖，控蛮荆而引瓯越……"阎伯屿沉吟不语，心想：这小子开头写洪州地势雄阔，地处要冲，倒也可以。接下来又有人报告："落霞与孤鹜齐飞，秋水共长天一色。"都督听罢，不禁霍然而起，叹曰："此真奇才，当垂不朽矣！"说罢，他又吟咏再三，然后意味深长地称赞道："落霞、孤鹜写动态，秋水、长天写静景，动静结合，妙语天然。秋日佳景，跃然纸上，宛然在目。眼前有景道不得，却被他一语道出，真乃神来之笔！"旁边一位老秀才也接着说："这两句是从庾信的《马射赋》中'落花与芝盖齐飞，杨柳共春旗一色'化来的，却熔铸新意，点石成金，令人耳目一新，实属难得！"话音未了，部下已将完整的《滕王阁序》文从王勃手中拿了送来。都督看着这篇洋洋洒洒的序文，玩味再三，不住地赞叹："妙！妙！妙！"

过了一会儿，随从又把王勃一气呵成的《滕王阁》诗送了过来。阎伯屿接过来一看，是一首七言古诗。

　　滕王高阁临江渚，佩玉鸣鸾罢歌舞。
　　画栋朝飞南浦云，朱帘暮卷西山雨。
　　闲云潭影日悠悠，物换星移几度秋。
　　阁中帝子今何在，槛外长江空自流。

阎伯屿一唱三叹地吟咏着这首诗，不由抚掌赞叹说："此诗虽写滕王阁，却直抒好景不长、年华易逝之慨，蕴含诗人进取向上之情。诗意新、格调高、气象伟、铸词精、用字炼，真可谓吊古之杰作，为当今所不多见呀！"此时的阎都督早已沉醉在王勃的诗情画意之中，开始时的那股怨气，早已丢到爪哇

第四章 唐宋时期的文人

国去了。

这时,王勃走到都督面前,施礼说道:"不才献丑了,万望都督赐教!"

阎伯屿高兴地说:"贤君下笔如有神,字字珠玑,句句精彩,真乃当世奇才呀!"

孟学士见王勃文思敏捷、才华横溢,也自愧不如,羞愧地离去了。

阎伯屿马上召宾客重新入座开宴。宾客们把王勃尊为上宾,纷纷举杯祝贺。阎都督更是对他倍加赞赏。宴会直延至深夜,极欢而罢。

从此,王勃和他的《滕王阁序》名震海内。只可惜王勃26岁时,渡海落水,惊悸而死。一代英才,英年早逝,不可不说是中国诗坛和文坛的一大损失。

 知识链接

神童骆宾王

骆宾王是唐朝著名的诗人,他与卢照邻、王勃、杨炯合称"初唐四杰"。相传,他七岁的时候就能作诗,被人们称为神童。

一天,父亲的朋友到家里来拜访,看见骆宾王一个人在小池塘边玩耍,就走过去与他闲谈。

客人说:"如果我没有猜错的话,你就是骆宾王吧。"

"是。伯伯,您是……"骆宾王很有礼貌地回答。

骆宾王塑像

"噢,我是你父亲的老朋友,到京城来办点事情,顺便来看望你父亲。小世侄,我听说,你小小的年纪已经能背诵出上百篇名家名篇了,而且,据听说,你还会写诗作画。怎么样,今天作首诗给我瞧瞧如何?也让我领教一下咱们京城神童的风采。"话语中掩饰不住对骆宾王的喜爱,话说完,不禁伸出手去在骆宾王的头上弹了一下。

"好,就请伯伯出题吧。"

这时,水面上游来了一群白鹅,其中一只伸长脖颈对天一声长鸣,其余的也跟着嘎嘎地叫个不停,客人顺势指着鹅群说:"那么,你就以《鹅》为题,做一首咏鹅的诗吧。"

骆宾王点了点头,沉吟片刻,便高声朗诵起来:

鹅,鹅,鹅,曲项向天歌。白毛浮绿水,红掌拨清波。客人听了,连声叫好。他无论如何也没有想到,骆宾王小小的年纪,竟能作出这样的好诗。全诗仅仅十八个字,却写得有声有色,生动形象,充满了童真童趣。他把骆宾王大大夸赞了一番,并预言骆宾王长大后必定有大的作为。听了客人的话,骆宾王并没有欣喜若狂,他谦虚地给客人道谢后,就恭敬地退回了书房。

骆宾王咏鹅的事很快传播开来,人们亲切地称他为神童骆宾王。一千多年来,他的咏鹅诗也成为人们吟诵的名篇。

王维即席吟《息夫人》

王维(701—761年),字摩诘。祖籍太原祁县(今山西祁县),其父迁家薄册(今山西永济),遂为薄人。他不但诗歌创作卓有成就,还善于绘画,精通音律,是中国文学史上一个多才多艺的诗人。

唐代诗人王维不仅才华出众,而且富于正义感。

一次,唐玄宗的哥哥宁王李宪,邀请了十几位有名的文人墨客来宁王府做客,王维也被邀请了。席间,宾客们有说有笑,唯独有位坐在宁王李宪身边娇艳多姿的年轻女子闷闷不乐。

王维看着这个充满忧愁的女子,悄悄地询问坐在他身边的一位好友说:"这位女子是什么人,为什么这样忧愁?"他这位朋友轻声对王维说:"她是宁王手下的人从宁王府左邻一个开烧饼铺的人那里抢来的。这个女子很有骨气,

第四章　唐宋时期的文人

她不喜欢宁王府的荣华富贵，时刻想念着卖烧饼的丈夫。虽然宁王对她比对其他妻妾、歌妓都宠爱，但她从不和宁王说话，整天都是这样愁容满面。"王维知道这个女子的遭遇之后，非常同情她，但又想不出用什么办法可以帮助她解脱。

这时，雅兴正浓的宁王李宪，看到他新近霸占来的妾仍然闷闷不乐，就想当着众人的面戏弄她一番，于是问她："你放着荣华富贵不享，难道还想着你那个卖烧饼的穷汉子吗？"这女子仍旧眼泪汪汪，不肯说话。宁王又说："那个卖烧饼的穷汉子已得了我一大笔钱，早就另娶新欢，把你忘了。如果你不信，我现在就派人把他叫来给宴会送饼，叫你看看，这样你就会死了这条心了！"

一会儿，卖烧饼的汉子端着烧饼走进宴会厅，他的妻子马上站起来，跑了过去。夫妻两个你看看我，我看看你，相对无言、泪如雨下，在座的人都被这情景所感动。出现这个场面出现是宁王李宪万万没有料到的。他十分尴尬地站起来，请在场的文人墨客即事吟诗，以便为他解围。

王维第一个站起来，说："宁王，小人愿先来献丑。"宁王以为王维是要为他解围，脸上露出十分高兴的神色说："好！好！快快吟来。"

王维端起酒杯，饮了一口，说道："我这首即兴诗的题目是《息夫人》：莫以今时宠，能忘旧日恩。看花满眼泪，不共楚王言。"

宴席上所有宾客都知道，王维所说的息夫人，是春秋时代息国君主的妻子，楚王灭了息国后，将她据为己有，但她始终不对楚王说一句话。王维的诗，分明是借历史故事来批评宁王，同情这对患难夫妻。这对患难夫妻也听明白了王维这首诗的含义，他们抱头痛哭起来。

宁王的宾客听了王维的这首诗，又看到这对患难夫妻的悲恸场景，都难过得低下了头。他们当中没有一个人敢继王维之后再即事续诗，因为王维的这首《息夫人》已经达到了即事的最高境界。宁王这时连气带羞，脸色白一阵红一阵，无地自容。最后他出于无奈，只好对卖烧饼的夫妻说："以前那些事都是我手下人干的，我一点都不清楚。现在成全你们夫妻，你们可以走了。"王维写的《息夫人》，借古讽今，成全了一对患难夫妻，这个故事一直流传至今。

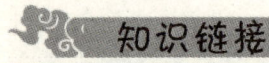

一字之师

唐朝时有个叫齐己的和尚,是当时著名的诗僧,每天登门求诗的人络绎不绝。

一天,天降大雪。望着漫天飞舞的雪花,齐己忽然来了兴致,他决定出去踏雪赏梅。站在村外一处土丘上,齐己举目远眺,只见远远近近、高高低低都是雪,小村庄在雪的怀抱中显得那么安静、祥和。齐己心中不禁油然而生出一份感动、一份惊异,他惊异于造物主的神奇。忽然,不远处的一点红色吸引了齐己的注意,原来,村头不知是谁家种了一株梅树,那伸出墙外的几枝梅花已经开放。在这白茫茫的世界里,它们显得那么鲜艳,那么耀眼!分明是在向人们昭告:春天就要来了!

很自然地,齐己的笔端流淌出这样的诗句:

万木冻欲折,孤根暖独回。前村深雪里,昨夜数枝开。风递幽香出,禽窥素艳来。明年如应律,先发望春台。齐己斟酌再三,将这首诗的题目定为《早梅》。

齐己认为,这是迄今为止他最满意的一首诗。按捺不住激动的心情,第二天,他起了个大早,拿着诗卷急匆匆地赶到袁州见好朋友郑谷,请他给新诗提意见。

郑谷也是唐代有名的诗人,因写《鹧鸪诗》而诗名远播,人称郑鹧鸪。郑谷从齐己手中接过诗卷,反复读了几遍后,笑着对齐己说:"既然你写的是早梅,就应该在诗中突出一个'早'字。数枝梅花竞相怒放,虽然很美,也报道了春到的消息,但不够贴切,感觉它还算不上最'早'。要是把它改为'前村深雪里,昨夜一枝开'似乎更好些,你说呢?"

"画龙点睛之笔啊!"齐己听了,非常佩服,不觉下拜道:"您可真称得上是我的一字之师呀!"

这则故事被作为称许炼字炼句的典型范例。后来,人们把给别人诗文改动一个字,又改得非常好的人称为"一字之师"。有时,作者尊称给自己的诗文改妥一字的人为"一字师"。

第四章 唐宋时期的文人

李白妙词惊贵妃

李白（701—762年），字太白，号青莲居士。祖籍陇西成纪（今甘肃秦安东），幼随父迁居绵州昌隆（今四川江油县）青莲乡，唐代大诗人，被后人称为"诗仙"，诗风雄奇豪放，富有浪漫主义精神，对后世影响很大。传世有《李太白集》。

唐玄宗非常欣赏李白的诗才，特意召李白进京，任命他为翰林供奉。这时的唐玄宗已由励精图治的英明君主，变成了骄奢淫逸、只图享乐的皇帝，整天贪恋酒色，不务朝政。他召李白进京，只是想利用李白的诗章，为他自己歌功颂德、粉饰太平，增加宫廷生活的乐趣，并不想让李白参与朝政。

李白虽任翰林供奉，但只是一个虚衔，并无实权。尽管李白的诗才得到了唐玄宗的欣赏和宠爱，但由于政治抱负得不到施展，他的满腔热血、一片肝胆无处倾诉，一身才智无所用处，因此他常常闷闷不乐，借酒消愁。

一天，正当李白独自在宫廷外一处酒楼上闷闷饮酒时，唐玄宗和杨贵妃正在宫中对酒赏花，连夜欢筵。因为这一天是杨贵妃的生日，唐玄宗便命梨园供奉李龟年等人请李白进宫，将今天赏心乐事写成诗歌，以为永久纪念。李龟年一行数人找遍了翰林院所有角落，也没有见到李白的影子，便亲自带人到闹市上的所有酒家查寻。他们找了几个酒店，还是没有见到李白的影子，着急之际，忽然听到一家酒楼上有人引吭高歌：

三杯通大道，一斗合自然。
但得酒中趣，莫为醒者传。

李龟年一听就知道是李白的声音，急忙奔到楼上去请。谁知李白已烂醉如泥，伏在酒桌上睡着了。李龟年无奈，只好差人将李白扶下楼去，用马将他驮到金銮殿。玄宗见李白醉成这个样子，急忙令人在自己身边给李白铺了一块毯子，并叫贴身宫女口含清水给李白喷面。不多时，李白渐渐醒来，当他看清在自己身旁坐的是玄宗皇帝和杨贵妃时，不禁大吃一惊，急忙起身下跪请罪。唐玄宗不仅没有怪

李白塑像

罪他，反而让人端来已准备好的醒酒汤。玄宗亲自给他调温，赐给他喝下。李白喝了醒酒汤，神志清醒多了，只见眼前一片火红、粉红、紫、黄和雪白的木芍药花，在皎洁的月光和灯火照耀下，争奇斗艳，栩栩飘香。玄宗皇帝见李白已清醒了，便对李白说："贤卿，今日是贵妃的生日，又正好赶上牡丹盛开，我和贵妃前来观赏，特召你作首新词，以助雅兴。"

李白谢过万岁，命人拿起笔来，抬头看了看争奇斗艳的牡丹花，又看了看含情脉脉、满脸红晕的杨贵妃，便乘酒后的余兴，铺纸挥笔，一口气写了3首著名的《清平调》：

　　　　云想衣裳花想容，春风拂槛露华浓。
　　　　若非群玉山头见，会向瑶台月下逢。
　　　　一枝红艳露凝香，云雨巫山枉断肠。
　　　　借问汉宫谁得似，可怜飞燕倚新妆。
　　　　名花倾国两相欢，常得君王带笑看。
　　　　解释春风无限恨，沉香亭北倚栏杆。

李白写完，李龟年立即将李白写好的新词献给唐玄宗。唐玄宗将新词置于御案，从头至尾细细读了一遍。他见李白醉中写出的新词仍然笔墨酣畅、文采盎然、隽永别致，不禁高兴地用手拍着御案，点头连称："好，好，好啊，爱妃诞辰喜日，贤卿为朕写出这样绝妙好诗来，足以光灿千古了！日月不能掩其精华，流年不能减其光彩。"说完，忙将新词转给杨贵妃，贵妃接过新词，见字字喷珠涌玉，笔笔牵心动人，读着读着心都要醉了。她欣喜不禁地将新词交给梨园供奉李龟年，命他立即率乐工、歌妓，在筵席前演唱。

李龟年率众歌妓在欢快的《清平调》旋律中，唱起了李白为杨贵妃写的新词。

在欢快的音调中，杨贵妃心花怒放，禁不住迈开轻盈的脚步，在花前月下飞舞起来。半醉了的唐玄宗，痴痴地望着杨贵妃的舞姿，也高兴地让身边宫女取来一支玉笛，随着《清平调》乐曲的节拍，兴致勃勃地吹起了玉笛。

杨贵妃舞完一曲，端起七宝盏，亲自斟上一杯西域酿造的葡萄酒，赏给李白。李白谢过贵妃，双手接过这杯美酒，一饮而尽，不久便昏昏然地沉睡过去了。

第四章 唐宋时期的文人

金龟换美酒

　　唐玄宗天宝元年，李白到各地漫游之后，来到京城长安。尽管李白的诗写得好，名气大，但因他性格孤傲，不愿寄身权贵，所以孤身一人住在小客店里。

　　一天，他去著名的道观紫极宫游览，碰见了著名的诗人贺知章。

　　贺知章自号"四明狂客"，是个三品大官。他任过皇家图书和出版机构秘书监，此时担任"太子宾客"的官职。他虽然与李白素昧平生，但早就读过李白的诗，极为敬慕。这次邂逅，两人一见如故，便亲切地攀谈起来。

　　李白仪表堂堂，很得贺知章的赏识。他向李白索读新作。当他读完《蜀道难》时，惊讶地对李白说："听说天上的文星被谪贬到人间了，看来这谪仙就是你呀！"

　　天色将晚，贺知章邀李白去饮酒，到酒店刚坐下，才想起没有带钱来，他毫不犹豫地把悬在腰间的金饰龟袋解下来，作为酒资。李白阻止说："这是皇家表示品级的服饰，怎好拿来换酒呢？"贺知章仰面大笑说："这算什么？我记得你的诗句，'人生得意须尽欢，莫使金樽空对月'。"

　　两人皆能豪饮，尽兴而别。接着贺知章在皇帝面前推荐李白，唐玄宗也久闻李白的大名，于是就任命李白为翰林学士。

　　李白重游长安时，贺知章已经逝世，他触景生情，写了一首《对酒忆贺监》的诗，悲悼亡友。诗中写道：四明有狂客，风流贺季真。长安忆相见，呼我谪仙人。昔日杯中物，今为松下尘。金龟换酒处，却忆泪沾巾。

　　贺知章举荐李白以及金龟换美酒，表现出了他赏识人才、珍惜人才，以及珍视友情的美好情感。

曾是公子哥的杜甫

　　实际上，杜甫59年的人生不全是现在人们印象中那般穷困潦倒、艰难苦恨，至少他的前半生，是跟其他太平盛世中的公子哥一样度过的。

杜甫出生于一个世代为官的官僚家族。先祖为晋代大将军杜预，也是著名的学问家。祖父杜审言为武则天朝的著名诗人，因此杜甫常自豪地说"诗是吾家事"。父亲杜闲历任兖州（今属山东）司马，奉天县（今陕西乾县）县令。富裕的家境为杜甫提供了良好的教育和优渥的成长环境。

在杜甫2岁多的时候，母亲就过世了。但是幼年的杜甫并不缺少母爱，忙着做官的父亲把他寄放在洛阳的姑母家，姑母待他胜过亲生。大约在杜甫3岁的时候，他和姑母的孩子同时染上了疫病，姑母尽量照料他，自己的儿子却丢了性命。长大后，杜甫与人谈起此事，常常泪流满面。

杜甫早慧，6岁时跟随父亲观看过公孙大娘的剑器舞，令他印象深刻。公孙大娘是当时著名的舞蹈家，书法家张旭看过她的演出后，草书大进，后世尊称为"草圣"，而杜甫最后也被人称为"诗圣"。

杜甫7岁就会写诗，他曾在诗中自述："七龄思即壮，开口咏凤凰。"十四五岁的时候，他开始与文士及官员交往，出入翰墨场所，得到前辈褒扬。不过，那时的杜甫，可不只是一个会摇头晃脑背诗的"书呆子"。他自己在诗中说："忆年十五心尚孩，健如黄犊走复来。庭前八月梨枣熟，一日上树能千回。"可见，那时的他是多么地顽皮好动！

20岁以后，杜甫过着漫游的生活，那是唐朝文人的风尚。他先是在南方吴越等地，后在山东、河南一带，结交名流，张扬声名。对自己的才能相当自信，自谓"饮酣视八极，俗物都茫茫"。此时，大唐社会欣欣向荣，年丰物足；年轻的杜甫雄心万丈，他登上泰山，写出了"会当凌绝顶，一览众山小"这样豪气万千的句子。

杜甫塑像

那时的杜甫，家底雄厚，虽然没做生意没做大官，但也不愁生计。他到了洛阳，在自家祖陵所在的首阳山下，建了一座庄园，一边读书一边与当地人士交往。

744年3月，被唐玄宗赐金放还的李白经过洛阳，与杜甫相识。闻一多先生有一段非常诗意的论赞："我们该发三通擂鼓，然后提起笔来蘸饱了金墨，大书而特书。因为我们四千年

第四章 唐宋时期的文人

的历史里,除了孔子见老子(假如他们是见过面的),没有比这两人的会面,更重大、更神圣、更可纪念的。"

其实,"李杜"并称是杜甫身后很多年的事情。实际情况是,李白当时已是名满天下的大诗人,比杜甫大11岁;杜甫只是名不见经传的后生小子,对李白十分仰慕。他追随李白一起漫游,访道士,登慈恩寺塔(今西安大雁塔)。后来,高适也来了,三五友人一起,追鹰逐兔,纵酒高歌。"性豪业嗜酒,嫉恶怀刚肠……放荡齐赵间,裘马颇清狂。春歌丛台上,冬猎青丘旁。"从他晚年这些回忆的诗里看,这段时间他过得相当轻松自在,好像都是在打猎和唱歌中度过的。

富裕闲适的生活中,爱情也如期降临。29岁时,杜甫娶了弘农县(今河南灵宝县)司农少卿杨怡19岁的女儿为妻。司农掌管钱粮,通俗地说,杜甫的岳父是县财政局副局长。杨氏的名字我们不得而知,但他们夫妻非常恩爱。

在中国古代男权专制的时代,男子纳妾是十分普遍的事,所谓忠贞不渝的爱情往往只是一时的甜蜜。杜甫却能做到与杨氏一人厮守一生,他们的爱情像潺潺的流水一样,虽然没有惊涛骇浪,称不上轰轰烈烈,却永无停息。

杜甫成婚之后没几年,他的父亲便过世了,经济来源一下子没了,生活日益穷苦。再后来,唐朝战乱,杜甫一家四处逃亡,贫穷、疾病、频繁的分别与担惊受怕成了这个家庭日常生活的主要内容。但再苦、再穷,杜甫都没有抛下过杨氏,杨氏也始终以娇弱的肩膀扛锄头种地、背行囊逃难,夫唱妇随。

杜甫没写过传唱千古的情诗,但在历代诗人中,作品里出现"妻"字频率最高的可能就是他。他为妻子所写的最著名和感人的诗歌当属《月夜》。756年,杜甫在长安求官,将妻儿寄放在鄜州(今陕西富县)妻舅处。一天晚上,杜甫写下了《月夜》一诗,诗中后四句专门倾诉对妻子的思念之情:"香雾云鬟湿,清辉玉臂寒。何时倚虚幌,双照泪痕干?"当时的杜甫已经44岁了,成婚多年,诗句却如同新婚燕尔中的人写的。

759年,关中大旱,饥荒蔓延,正在同谷(今甘肃成县)落脚的杜甫一家陷入从来有过的饥寒交迫状态。他写了悲伤的诗句,催人泪下:"岁拾橡栗随狙公,天寒日暮山谷里。"天寒地冻,为了妻儿,杜甫不得不拣拾橡树果子为食,或者去挖地里的野芋头。

还有一句,是杜甫晚年生活稍安定时所作:"老妻画纸为棋局,稚子敲针作钓钩",字字都是平淡的幸福。

在"朱门酒肉臭,路有冻死骨"这样悲天悯人的诗句中,人们往往忽略了杜甫是个极风趣的人。

家境困顿后,杜甫感到世态炎凉。他在长安有时靠亲友接济,有时要去买政府的低价救济粮,有时还会采草药去市场上卖。他受尽了冷遇与白眼,生活渐渐露出了残酷的本来面目。有时他甚至不得不乞讨:"朝扣富儿门,暮随肥马尘。残杯与冷炙,到处潜悲辛。"

安史之乱后,杜甫带领家人逃难。他的坐骑被人抢走了,只能步行,不小心掉落到蒿草坑里。幸亏同行的表侄王砅走出去10余里后,发觉不对,转身相救。他把自己的坐骑让给杜甫,然后拿起大刀,护卫着杜甫脱离了险境。若干年后,杜甫在诗中回忆,如当初没有王砅舍命相救,他根本不可能活着逃出去。

经历过如此生死关头,杜甫好不容易才到成都,在友人的帮助下,于浣花溪畔修建茅屋居住。同时一无所有的他做了一件非常有趣的事——杜甫想在自己的茅屋边种植各种树木,又不想麻烦友人,就提笔给当地的那些官员、大户写诗,寻募花木。"奉乞桃栽一百根,春前为送浣花村。河阳县里虽无数,濯锦江边未满园。"——这首要桃树苗的诗,写给了一位叫萧实的县令;"华轩蔼蔼他年到,绵竹亭亭出县高。江上舍前无此物,幸分苍翠拂波涛。"——这首要竹子的诗,写给了绵竹县令韦续……明明是乞要树苗,却没有丝毫的低声下气,落落大方。

这段寓居浣花溪畔的时光,成为杜甫苦涩人生中的一抹阳光。他在《绝句三首》中幽默地写道:"设道春来好!狂风大放颠,吹花随水去,翻却钓鱼船。"且想象一下那个有趣的画面——春日里他泛舟湖上,羞涩的花朵在水中映出美丽的影子。老头本想坐在钓鱼船上晒晒太阳,吹吹小风,看看风景,优哉游哉等鱼儿上钩。不想一阵狂风突如其来,花也落了,船也翻了,狼狈的老头恼羞成怒,跳着脚地说:别以为春天来了什么都好,还有狂风这种东西"放颠"呢!

说到底,杜甫成长于开元盛世,盛唐对他来说,有着不可磨灭的记忆。只要拿他的诗和中晚唐的诗比较一下就会发现,杜诗在情调上、色彩上、信心和力量上仍然是一派盛唐气象。因此有学者说,杜甫是盛唐的最高峰,也是盛唐的谢幕。

第四章 唐宋时期的文人

 知识链接

旗亭画壁

唐玄宗开元年间,诗人王昌龄、高适、王之涣齐名,三人都未做官,处境十分相似。有一天,长安城内雪花纷飞,寒气袭人,三人相结伴来到旗亭酒楼,饮酒论诗。酒酣情畅之际,看见几个梨园弟子走上酒楼来。三人便离开坐席,围着火炉假装取暖,私下约定:"平日我们的诗不分高下,今天他们奏乐歌唱,谁的诗被唱得最多,谁就是最有名的诗人。"

第一个歌女手执拍板唱道:

寒雨连江夜入吴,平明送客楚山孤。

洛阳亲友如相问,一片冰心在玉壶。

王昌龄伸手在墙上画了一道线,说:"这是我的一首绝句。"另一个艺人边歌边舞:

开箧泪沾臆,见君前日书。

夜台何寂寞,犹是子云居。唱得是曲调哀婉,情意绵绵。高适也伸手在墙上一画,说:"这是我的。"不久,一歌妓又唱了王昌龄的一首《出塞》,王昌龄又在墙上一画,说:"二首。"这时,王之涣有些坐不住了,他自信地指着最美的一位歌女说:"此辈都是潦倒歌手,所唱乃下里巴人之词,碌碌之辈焉敢演唱阳春白雪。喏,你们看,那位姑娘如果下面演唱的不是我的诗,我甘愿认输。如是我的诗,你们可得拜我为师。"三人一边说说笑笑,一边等待着歌女上台,约摸一盏茶的工夫,一个打扮极本色的女子方才登台,唱的果然是王之涣的《凉州词》:

黄河远上白云间,一片孤城万仞山。

羌笛何须怨杨柳,春风不度玉门关。

歌声起处,使人宛如置身于荒凉的边关孤城,戍边的将士们吹着悠扬的《折杨柳》笛子曲,他们思念着故乡,怨恨这杨柳枝迟迟不萌发绿芽,故乡的春风啊,什么时候才能吹到这遥远的边关。

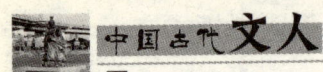

酒楼上鸦雀无声，大家都沉浸在这无尽的思绪中。王之涣碰了碰身边的王昌龄，笑道："如何？"三人相视，开怀大笑。那些乐工、歌女不知缘由，上前询问。王昌龄一把把王之涣推到台前："这位就是《凉州词》的作者。"歌女们听闻纷纷下拜。后来，此事演变为明清杂剧、传奇多种。

长安居大不易

白居易，字乐天，号香山居士，是与李白、杜甫齐名的唐代三大诗人之一。白居易一生创作了大量的诗篇，语言平白如话，妇孺皆知。然而，他的诗名远播与大学问家顾况却不无关系。

据说，白居易初次赴举是在贞元四年，当时他只有十六七岁。白居易知道，要想在京城长安站稳脚跟，必须得到朝中有名望的官员提携。可是，自己在京城举目无亲，不要说请人举荐，就是要找一个落脚之处，也是相当困难的事情，怎么办呢？

一天，白居易正在买书，忽然听旁边的人说，著作郎顾况的车仗马上就要从此处经过。"顾况？这个名字好熟悉呀。"白居易绞尽脑汁想了很久，就是不曾想起在哪里听说过。带着这份好奇，他向周围的人打听起顾况的情况。

白居易墓

人们告诉他，顾况关心民生疾苦，敢于替老百姓说话，是个好官；顾况不畏权贵，喜欢奖掖后辈，是个好人；顾况才气横溢，擅长作诗绘画，是个才子。白居易豁然开朗，既然顾况人品、文品俱佳，自己为何不去拜谒呢？他丢下手里的书，撒腿就往客店跑，回到房间，白居易来不及细想什么，夹起近日写的诗卷直奔顾况府邸而去。

第四章 唐宋时期的文人

直到站在顾况对面时，白居易还在呼呼地喘着粗气。看着这个初出茅庐的年轻人，顾况的脸上露出一丝不易觉察的微笑，这个看上去十分鲁莽的小伙子，和自己年轻时多么地相似呀！

接过白居易恭恭敬敬呈上来的诗卷，顾况终于忍不住了，他没有想到，这世上居然会有人叫作"居易"。顾况又仔细打量了一下白居易，笑着说："白居易呀白居易，这长安城米价正贵，白居确实不易呀！"白居易再次躬身施礼道："学生不才，让大人见笑了。"

顾况打开诗卷首页，第一首诗是《赋得古原草送别》："离离原上草，一岁一枯荣。野火烧不尽，春风吹又生。"顾况手执诗卷，边捻须边吟诵，连声赞叹："好诗！好诗！能写出这样的妙句，在长安居住下去就相当容易了。"

第二天一下朝，顾况便拿出白居易的诗给同僚们看，同僚们都知道顾况治学很严谨，从不轻易夸赞别人，既然得到了顾况的首肯，这个人定然是不一般。于是，顾况称许白居易的消息很快便传开了。白居易和他的诗不胫而走，传遍了整个长安城。一时间，白居易声名大振。

前度刘郎今又来

刘禹锡是中唐时期杰出的诗人，他在我国文学史上有着重要的地位。早在当时的诗坛上，刘禹锡就颇有影响了。白居易十分推崇刘禹锡的诗作，他曾赞叹地写道："彭城刘梦得，诗豪者也！"

给他冠以"诗豪"的称誉，刘禹锡是当之无愧的。他的豪情，反映在诗作中，正是他不屈不挠、敢于斗争的鲜明性格的写照。刘禹锡流传后世的诗有八百多，大部分是抒发对自己不幸遭遇的愤懑和痛苦，有些甚至直讽当朝权贵，表现了很高的反抗精神。

刘禹锡一生的仕途生活十分坎坷。唐顺宗李诵永贞元年，他参加了王叔文集团的政治革新活动。由于守旧派的反对，革新失败，同年，他被贬为连州刺史，从此便开始了他那长期的贬谪生活。对于这种生活，他一直表现得比较乐观，他始终坚持自己的政治主张不变，对当朝权贵的斗争精神不变，写了不少诗作表现他那种坚持真理和刚强昂扬的节操。

例如有一次他路经扬州遇到白居易，在饮宴中，白居易在微醉中写了一首诗《醉赠刘二八使君》，对他长期遭贬表示了深切的同情。刘禹锡回赠挚友一首《酬乐天扬州初逢席上见赠》，其中有两句："巴山蜀水凄凉地，二十三年弃置身。"表现了他虽被弃置在巴山楚水的荒凉地方，但初衷不改，仍坚持

刘禹锡之墓

自己的理想、情操的高尚人格。

这种人格在刘禹锡两次往游玄都观的题诗中表现得格外明显，也因这两首诗，刘禹锡再度被贬。

第一首是写的游玄都观看花诗，名曰《元和十年自朗州承召至京，戏赠看花诸君子》：

紫陌红尘拂面来，
无人不道看花回。
玄都观里桃千树，
尽是刘郎去后栽。

诗作名为游观盛景，实际是用"桃千树"影射权倾京师的新贵，言外之意是说他们的日子和轻薄易谢的桃花一样不会长久。这种语义双关、讽刺朝政又充满对新贵的鄙视之情的诗作，当权者当然也能品味出来，所以宰相武元衡等人看到这首诗很不高兴，就把刘禹锡贬去播州当刺史。

当时身为御史中丞的裴度念及刘禹锡家中有八旬老母，不忍让刘禹锡到远离长安的播州，无异致使母子诀别，于是他在皇帝面前求情说："这种处治和朝廷以孝治天下的精神是不相符的，请圣上考虑考虑，把他贬谪的地方往内地迁一下。"

皇帝说："像刘禹锡这样的人是不可赦免的。"裴度吓得不敢多说。不过后来皇帝怒容渐减，说："我还是不愿伤害刘禹锡的母亲的。"

刘禹锡被改贬到连州，后来又转徙到夔州、和州做刺史。

十四年过去了，政治沧桑，人事更替，当时的权贵们老的老，死的死，有的则垮了台，刘禹锡奉命回到长安。他睹今忆昔，心中感慨万千，特别是重游玄都观，他更有感触，于是赋诗言志，写了第二首游玄都观题诗《再游玄都观绝句》，作为前一首诗的续篇，全诗二十八字，却用了百多字的引言。这里，仅录其诗于下：

百亩庭中半是苔，
桃花净尽菜花开，
种桃道士归何处？
前度刘郎今又来！

玄都观的兴衰变化，被作者巧妙地用来嘲讽保守派权贵，"种桃道士"是比喻保守势力和权贵的,作者笑问他们"归何处",宣告自己"今又来",这中间流露的斗争胜利的喜悦是相当明显的。

保守派们当然不能放过他。刘禹锡从此被诽谤、责骂,不久,他就被外遣到苏州、汝州、同州等地任刺史。后来又奉命到东都洛阳担任太子宾客,直至病逝也未能回到长安。

刘禹锡临终之前写了《子刘子自传》,表现他始终如一的倔强正直,这种精神老而弥坚,老而弥笃。他写道:"叔文实工言治道,能以口辩移人。既得用,自春至秋,其所施为,人不以为当非。"这是他公开为王叔文伸冤辩屈,同时也肯定了当年自己参加革新并没错,长期遭贬完全是受到不公平的处置。这种敢于肯定自己一生,是光明磊落的,实在是无人能及!他还在自传的铭文中悲叹:"天与所长,不使施兮。人或加讪,心无疵兮。"其间怀才不遇的痛苦,受毁遭谗的愤懑,溢于言表。

刘禹锡是一位伟大的文学家,而这种伟大更出自于他人格的伟大,堪称一代"诗豪"。

韩愈反对迎佛骨

韩愈是中国历史上一位杰出的文学家、政治家,他与友人柳宗元、门人皇甫湜、李翱等掀起了一场志在恢复古道的"古文运动"。作为"古文运动"的倡导者,韩愈始终站在文体革新的最前沿,他在学习古人的散文体格的基础上,强调语言的创新和风格的个性化,创作了不少在当时影响极大的散文,如《祭十二郎文》《送孟东野序》《师说》《原道》等,在实践上重新奠定了散体文在文学上的地位。

韩愈是一个个性张扬、自我表现欲极强的人。同时,在他的身上我们可以感受到强烈的积极维护封建专制和儒家"道统"的热情。韩愈提倡"古文运动",其中心思想便是以"觚排异端,攘斥佛老"来重振"古道""古理"的。

唐宪宗李纯原本也是一代开明务实的君主,可是到了晚年,却迷信起佛法来。朝中一帮阿谀逢迎的大臣不知道从哪里打探到,说凤翔的法门寺里有一座护国真身塔,塔里供奉着一颗舍利子,是佛祖释迦牟尼的一节指骨。宝塔每30年对外开放一次,让人们瞻仰礼拜。据说,叩拜佛骨,其诚心可以感动天地,能够求得风调雨顺、国泰民安。

唐宪宗笃信不疑,为给天下百姓祈福,也为了表明自己一心向佛,他特

韩愈塑像

地选派了京城 30 个得道的高僧，隆重地把佛骨从法门寺迎到了长安。

佛骨一到长安，唐宪宗便沐浴更衣，恭恭敬敬地把佛骨请进佛堂。此后，他每日早起第一件事便是焚香跪拜，晚上休息前照例是在佛骨前打坐诵经。唐宪宗崇尚众生平等，他认为供奉佛骨不应该成为自己一个人的专利，一定要把到它送到寺里，让天下人瞻仰。朝中的一班王公大臣，眼见得皇帝这样虔诚，不由自主地陷入到对佛骨的顶礼膜拜中。官职高的人以能随皇帝自由出入寺门瞻仰佛骨为荣耀，官职低些的为了得到礼拜佛骨的机会而绞尽脑汁，有的人甚至不惜捐出自己的万贯家财。最苦的是那些没钱又没有门路的普通官员，可怜他们每日跪在庙门前，对着高高的宝塔叩头不止。

韩愈向来是不信佛的，更不要说要他主动去瞻仰佛骨了。韩愈认为治理国家要依据儒家的伦常教化，依靠人的内在道德修养和人格精神。他在《三器论》中曾这样写道："不务修其诚于内，而务其盛饰于外，匹夫之不可。"韩愈反复强调国家的兴盛要借助于社会中每一个人的自觉行为，要通过积极、健康的文学创作来引导社会风气的转变，来重振"古道"与"古理"。单纯信奉所谓的佛法是一种非常不明智的行为，它不仅束缚了人的精神，于事、于世无补还因大兴佛寺而劳民伤财，于社会发展也十分不利。他对唐宪宗如此铺张地迎接佛骨极为不满，于是就上了一道奏章，说迎佛骨有百害而无一益，劝谏唐宪宗不要再做这种迷信的事。韩愈在奏章中说，考察一下中国的历史，佛在古代根本就是没有，佛的传入是近代的事。佛学东渐后，历史上曾出现了多个笃信佛法的君主，但大凡信佛的君主也多是短命误国的君主，难道皇帝也想重蹈前朝的覆辙吗？

第四章 唐宋时期的文人

在当时对皇帝说这些话是大逆不道的，果然，唐宪宗看完奏章后，龙颜大怒，叫宰相裴度立刻处死韩愈。裴度忙问原因，唐宪宗说韩愈诽谤朝廷，无视大唐礼法，不杀韩愈不足以平民愤。

"不足以平民愤？不是吧，我看是不足以平君愤。"裴度微微一笑，接着说道，"陛下，韩愈是一个忠臣，这点我们每个人都确信不疑。他说您信佛过了头，只是他言辞过激。但是，陛下，从这份看来过于偏激的奏章中，不正是可以感受到韩愈对皇上的一片忠心以及忧国忧民之情吗？这份热诚，是多么难得呀！"

唐宪宗仔细一想，气就慢慢平了，过了半晌，方才说："其实，他无论怎样说我，我都不生气；可他竟然说信佛的王朝个个短命，这不是大逆不道吗？"

谁都看得出来，这是唐宪宗在给自己找台阶下。后来，唐宪宗虽然没有杀韩愈，还是把他贬谪到潮州当了刺史。

大起大落的柳宗元

柳宗元出身河东（今山西省永济市）柳氏，其家族是门阀贵族。早在北朝时期，黄河以东地区的柳氏，就与薛氏、裴氏一起，并称"河东三著姓"。唐朝立国后，柳氏也被皇室所倚重。唐高宗李治一朝（649—683年），柳家光在尚书省（相当于国务院）同时做官的就达20多人，权倾一时。

但也就是在高宗时期，柳家开始走向衰败。当时，柳宗元的高伯祖（与柳宗元之高祖子夏为兄弟）柳奭是高宗的宰相，高宗第一任皇后王皇后是柳奭的外甥女。在后宫斗争中，王皇后败于武则天，柳宰相也受到牵连，先是被贬，后来被诛杀。武则天上台主政后，打击旧姓，柳氏从皇亲国戚被降为普通百姓，仅剩下良好的家风绵延不断。

公元789年，柳宗元的父亲柳镇担任殿中侍御史，是个监察部门的小官员，因在审理案件时得罪了权倾一时的宰相窦参，被陷害而贬到夔州（今重庆市奉节县）。17岁的柳宗元为父亲送行，走了近百里，依依不舍，而刚强的父亲只对儿子说了一句"吾目无涕"，便踏上了远去的道路。

公元792年，陷害了柳镇的窦参获罪贬死，陆贽为相，气象更新，柳镇的冤案得以昭雪，柳宗元也在第二年中了进士。又过了5年，柳宗元考中博学鸿词科，被正式任命为集贤殿书院正字进，这一年他才26岁。

公元803年，柳宗元刚满31岁，就被调任监察御史里行（相当于国家监察部高级官员助理），进入了朝廷的决策中心，好友刘禹锡等3人也同时被晋升。

这期间，柳宗元开始与王叔文结交。王叔文是越州山阴（今浙江省绍兴

柳宗元纪念馆

市）人，很有政治抱负。他棋艺精湛，因帮助太子在复杂的宫廷斗争里站稳脚跟而深受信任，经常在东宫陪当时还是太子的唐顺宗下棋。王叔文善于交际，到处为太子物色人才。柳宗元及其朋友们与王叔文政见相近，都成了他倚重的力量。

公元805年，唐德宗驾崩，顺宗顺利登基，着手进行改革。柳宗元此年刚升任礼部员外郎（相当于文化部兼教育部高级官员），在王叔文的带领下，他们这批年轻官员迅速推行新政，惩办贪官酷吏，整顿财政，抑制藩镇，打击宦官，雷厉风行，据史书记载，这些新政让"百姓相聚欢呼大喜"。唐顺宗的年号是"永贞"，这场革新史称"永贞革新"。

然而，官场一旦腐朽，其衰亡就成为必然。大唐王朝已经无可挽回地走向没落，王叔文等人遇到的反弹力度便可想而知。受到打压的宦官、藩镇以及不满的朝臣，迅速集结成反对力量。太子李纯，逼迫顺宗禅让，自己即位，这就是历史上的宪宗。手中完全没有兵权的王叔文，面对这样的变局，也只能束手就擒。

宪宗刚一上台，就宣布把王叔文、柳宗元、刘禹锡等官员贬到地方去当司马。所谓的"司马"，是地方上编制之外不得参与处理政务的闲官，实际上相当于流放了。少年苦学的柳宗元，在意气风发的青年时期走进政治的最高核心，然而无情的政治，也在转瞬之间让他从巅峰跌落到谷底。

柳宗元被贬去的永州（今湖南省永州市），地处湘江上游，属于丘陵地带，在唐代是经济文化十分落后的地区。柳宗元到任后，没有住所，只能在永州城里龙兴寺的西厢房里安身。柳宗元在永州过得很孤独，很少与人往来。他十他希望能再回到长安，在永州待了5年以后，他就不断给京城的亲友旧交写信，盼望有人能对他施以援手，但人们都无能为力。在宪宗统治下，时势已经平稳下来。但柳宗元却在绝望中一待就是10年，根本看不到任何出路。

有个朋友听说柳宗元很痛苦，便远道前来探望，看见他并没有悲涕不止，以为传说不实。柳宗元对他说："你知道吗？长歌之哀，过乎恸哭！我这已经没有眼泪的痛苦，要超过那悲涕不止一千倍啊。"

公元815年，事情似乎有了一线转机。当时的宰相韦贯之很同情柳宗元等人的遭遇，便将柳宗元、刘禹锡等5人召回了长安。

第四章 唐宋时期的文人

接到消息后,柳宗元十分兴奋,一个月后就回到了京城。刘禹锡还在兴奋之中写了《戏赠看花诸君子》一诗,诗中对长安的新贵充满讥讽。不愿看到柳、刘等人重归政坛的新贵们,抓住此诗大做文章,坚决反对他们返回朝廷。加之永贞那场政变的阴影,也没有在唐宪宗心里完全消退,反对意见立刻得到他的支持。柳宗元等人2月回到长安,3月14日朝廷就宣布他们全部出任边远地方的刺史。柳宗元被任命为柳州(今广西柳州市)刺史,比永州还要远2000里。

在柳州,柳宗元尽自己的努力为政一方,取得了不小的政绩,深受当地百姓爱戴。但漂泊的愁苦,折磨着他病弱的身躯,内心的悲伤,一刻也没有缓解。在柳州任所去世时,柳宗元年仅47岁。

痛苦对人的砥砺,是未曾经历苦难的人难以体会的。苏轼的弟弟苏辙曾经说:"在我哥哥未贬黄州之前,我们的文章不相上下。但黄州之后,我却再也不能望到他的项背。"这种境遇同样发生在柳宗元身上。

早年在长安时,柳宗元就以文采名动一时。离开长安后,在长期几近绝望的贬谪生活里,他的文章日益褪去表面的浮华,追求文以明道,走向雄深雅健的深邃之境,其中《封建论》等理论长篇,《永州八记》等山水小品,以及《江雪》《捕蛇者说》等诗文,都成为后人学习的典范。这无疑是他思想日趋深沉、精神不断精进的结果。

在孤独的贬谪之地,柳宗元深刻地反思了自己大起大落的人生,认为早年仕途顺利,的确有些"年少好事,进而不能止",加上"性又倨野",无疑忤逆了权贵。但是,他却未因此变得圆滑起来。他到永州一年后,王叔文以"乱国"的罪名被赐死,舆论指责蜂拥而至。在此环境下,一般人即使不努力撇清自己与"罪人"的关系,也要保持沉默,但柳宗元在给友人的信中,还是如实地提到自己早年与王叔文的亲善,"交十年"。

政治上失意后,因为自己当初的锋芒与才华,柳宗元受尽倾轧与奚落,但他还是对那些在政治上庸碌无为、持明哲保身的态度的官员,给予了最大的抨击。他在一封写给岳父的信中明确提出:那种没棱角、唯唯诺诺、无所作为的老好人式的官吏,是政治的大害!

柳宗元去世后,他的灵柩终于返回了他日思夜想的长安。好友韩愈从遥远的袁州(今江西省宜春市)寄来了为他撰写的墓志铭,其中写道:如果柳宗元早年能像他后来当司马、刺史时那样老成一些,也许他就不会离开长安;贬斥以后,如果有人能拉他一把,也许他就不会沦落至此;然而,如果他不是那样绝望无助到极处,也许他的文章就不会像现在这样"必传于后"?

一个仕途显达的柳宗元,和一个官场失意、人生绝望却文章"传于后"

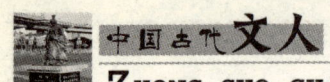

的柳宗元,孰重孰轻呢?历史无法给出答案。

画眉深浅入时无

唐代应进士科举的士子有向名人行卷的风气,目的无非是希望以此得到名人的肯定和奖掖,进而引荐给主持考试的礼部侍郎。毕竟,科举考试是唐代选拔人才的重要方式之一,作为读书人,有谁不想"一举成名天下知"呢?朱庆馀就是这千千万万个读书人中的一员。

经同乡前辈介绍,朱庆馀带着诗稿来拜谒水部郎中张籍,希望能得到他的赏识和举荐。张籍当时以擅长文学而又乐于奖掖后进与韩愈齐名。他看了朱庆馀的诗作,十分欣赏,让朱庆馀把他新近所写的诗稿都拿来。经过张籍的吟诵、删改、润色,最后留下二十六篇。

此后,张籍每次遇到亲朋好友就向他们推荐朱庆馀的诗。京城里的官员、名士震于张籍的诗名,都来誊录朱庆馀的诗篇,日常讽咏。不久,朱庆馀便成了京城一个小有名气的诗人。

朱庆馀虽然中了进士,却始终拿不准自己的文章是否真的受欢迎,便写了《闺意》诗献给张籍,诗中写道:

洞房昨夜停红烛,待晓堂前拜舅姑。
妆罢低声问夫婿:画眉深浅入时无?

大意是,昨晚刚举行婚礼进入洞房,次日一早便去拜见公婆。妆扮已毕的新娘悄声询问丈夫:"我画的眉毛,其颜色深浅合乎当今流行的式样吗?"这首诗的寓意相当深刻,诗人以新娘自比,而把张籍比作新郎,其目的就是借描绘新婚夫妇的闺房乐趣,委婉地征求张籍对自己诗作的看法。

张籍明白他的意思,随后和诗一首:

越女新妆出镜心,自知明艳更沉吟。
齐纨未足人间贵,一曲菱歌抵万金。

张籍用诗称赞他文章出众。张籍说,你就像刚刚梳完妆揽镜自赏的越国美女,虽然明知道自己出落得娇艳动人,却仍显得踌躇不定。其实,你根本没有必要担心什么,即使是穿着细绢的齐地美女也并不值得珍贵,你唱了一曲菱歌才真是抵得上万金啊!张籍和诗的目的在于,暗示朱庆馀不必为诗文是否合时担心。朱庆馀的赠诗写得好,张籍回赠诗答得也妙,他们两人之间的唱和成为诗坛的一段佳话。

第四章 唐宋时期的文人

英才天妒的鬼才——李贺

唐代大诗人李贺,以他立意新奇、带有浓厚浪漫主义色彩的诗歌在我国古典诗坛上独树一帜,开拓了一个新的艺术境界。李贺是一位多才却很短命的诗人,他仅仅活了27岁,却为后世留下了200多首诗歌;其中不乏有名作佳篇,后人因此称他为"诗鬼"。

其实这位奇才并非天生禀赋,虽然他7岁时便能写诗,名动京城,但和他自幼的教育是分不开的。李贺是唐代初年郑王的后裔,但是家世早已没落,家庭生活困顿。但是身为一位低级小官的父亲李晋肃并没有忽视对李贺的家庭教育:在李贺4岁时,就教他识字念书;5岁时,给他讲解诗文。李贺聪明早慧,又肯认真学习,所以7岁就能写诗了。关于李贺7岁写诗,至今还流传一段佳话。

李贺7岁时作的诗因为笔力雄健,新奇瑰丽,一时在京城中传开了,甚至有不少人争着传抄他的诗。这些诗稿传到当时任京城吏部员外的著名文学家韩愈和文学家皇甫湜手里,他们也觉得他的诗气势雄浑,气宇不凡,不相信它出自一个7岁幼童之手。这天,他们打听到李贺的住所,便驾着马车去实地探察了。

李贺的父亲李晋肃听说韩愈和皇甫湜这两位名士登门相访,连忙出门迎接。待客人说明来意,李晋肃叫李贺上来拜见。

李贺头梳双髻,满脸稚气,跳跳蹦蹦地走上堂来,问过客人好后,一双聪慧的大眼睛瞪着客人,好似在询问来意。韩愈掏出传抄的诗稿递给李贺,问:"这首诗是你写的吗?"

李贺看了看,点点头说:"是的。"

皇甫湜走过来握住李贺的手说:"可不可以当我俩的面再写一篇呢?"

李贺笑了,调皮地说:"原来两位老伯来此是专门为考我的啊!请老伯赐题吧!"

韩愈略一思索,对李贺说:"就以我和皇甫大人来访为题,作一首诗,行吗?"

李贺点点头,跑到一边的书桌上铺纸研墨,旁若无人地写起来,偶尔略略思索一下。

李晋肃不免有些担心。要知道,这身边的二位可是当代大文豪呀!他谦逊地对韩愈、皇甫湜说:"小孩子只会胡乱涂抹,还望二位大人赐教。"

不一会儿,李贺的诗便写成了,他恭敬地呈给两位大人。韩愈、皇甫湜

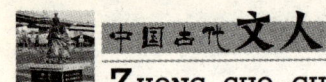

接过一看,立刻被这首气势雄浑的诗《高轩过》吸引住了:

> 华裾织翠青如葱,
> 金环压辔摇玲珑。
> 马蹄隐耳声隆隆,
> 入门下马气如虹。
> 云是东京才子,文章巨公。
> 二十八宿罗心胸,
> 元精耿耿贯当中,
> 殿前作赋声摩空,
> 笔补造化天无功。
> 庞眉书客感秋蓬,
> 谁知死草生华风。
> 我今垂翅附冥鸿,
> 他日不羞蛇作龙。

这首诗头四句描绘了两位客人身穿华丽的衣服,驾着高头大马,车声隆隆前来拜望的情景,他俩入门时的确是豪气如虹。中六句,正面赞扬了这两位客人是"东京才子""文章巨公"。最后四句,小诗人表示了自己希望"附鸿作龙",在两位才华横溢的前辈的提携下,实现自己理想的宏伟志愿。

韩愈和皇甫湜都被这首雄健奔放的诗吸引住了,他们赞扬这首诗情真意切,词采华丽,连连叹道:"名不虚传!名不虚传!"

在韩愈和皇甫湜的肯定下,李贺学写诗越来越勤奋,他把自己全部心力都倾注在诗歌创作上。韩愈教导他,写诗要切近生活,不能空泛,他便努力搜集创作素材。

到他长大些以后,他经常出门游历,骑上匹瘦马,背着一只旧锦囊,观察生活,每到触景生情,偶有所得,便立刻把所得的诗句记在纸条上,投入锦囊。往往一次游历回家,他背上的锦囊总装得鼓鼓的。晚上在油灯下,李贺再取出纸条,反复琢磨,精心构思,写成一篇篇瑰丽的诗句。

李贺的母亲不知道儿子天天忙些什么,等到有一天她取过锦囊倒出张张写有诗句的纸条才恍然大悟,不禁心痛地说:"这孩子为写诗,是宁可把心呕出来才罢休啊!"

李贺以极大的热情写诗,他的一首《长歌续短歌》里便记载了他磨破了衣襟、愁白了少年头的辛勤劳动:

> 长歌破衣襟,
> 短歌断白发。

第四章 唐宋时期的文人

由于李贺平时注意深入实际观察生活，认真积累素材，所以他的诗真实质朴，意象丰富，在绮丽的意境之中有很强的艺术感染力。其中有些诗，如《雁门太守行》《金铜仙人辞汉歌》至今仍为人们反复传诵；其中一些名句，更是脍炙人口的好诗，例如："黑云压城城欲摧，甲光向日金鳞开。""衰兰送客咸阳道，天若有情天亦老。"这些诗都是很值得一读的。

李贺虽然一生抑郁不得志，而且寿命不长，但他留下的瑰丽诗篇却为他在文学史上留下了一席之地，他才华横溢的诗篇将会永远被世人传诵。

第二节 两宋时期的文人

千古词帝李煜

南唐后主李煜（937—987年），字重光，号钟隐，别号莲峰居士。他是亡国之君，也是词坛魁首。

赵匡胤夺取后周政权后，随即建立了宋王朝，一时国力强盛，直接威胁到了南唐小朝廷的存亡。而这时的南唐后主李煜，袭位于国政日非的多事之秋，他不但不思进取，不思重振国威，反而不理朝政，纵情酒色。南唐朝廷更加岌岌可危。

公元974年，即宋太祖开宝七年，赵匡胤统军渡江，攻打金陵。及至大兵压境，李煜仍不知醒悟，依旧在宫中填写《临江仙》词。一时苦思冥想好半天，才写下"樱桃落尽春归去，蝶翻轻粉双飞"两句词，便听手下慌忙报告，城已被宋军攻破。不一会儿，宋朝官兵拥入后宫，活捉了李后主。李后主被俘以后，便开始了他"日夕只以眼泪洗面"的囚徒生涯。

宋太宗赵光义在位期间的一天，他问被宋朝俘虏的原南唐吏部尚书徐铉说："你见到过李煜没有？"徐铉说："没有。罪臣不敢私自去见他。"太宗就说："你去看看他，就说是我要你去的。"徐铉被俘之后再也未曾见过李后主，

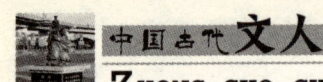

一腔亡国之恨无处诉说。作为亡国之臣,除了一些思念之外,他没有更多的自由,他也是希望有朝一日能见见后主,一吐心声。如今,听宋太宗如此一说,他自然乐于前往。于是,整了衣冠急忙赶到李后主住处。徐铉见了李煜赶紧趋步上前,欲行君臣之礼,被李后主扶起。

旧日君臣相见,更是感慨万千。他们就这样默默地相对而坐。忽然李后主"哇"地一声大哭起来,声音十分悲切,哭了一阵之后,好容易才喘过气来,不觉又长叹一声,他说:"悔不该偏信谗言,杀了潘佑和李平,当初真是糊涂。"

徐铉离去之后,李后主回想旧日欢乐,而今却为阶下之囚,这日又值七夕,痛切之下,填写了《虞美人》词一首,他在词中道:

春花秋月何时了,往事知多少。
小楼昨夜又东风,故国不堪回首月明中。
雕栏玉砌应犹在,只是朱颜改。
问君能有几多愁,恰似一江春水向东流。

词填好之后,被人吟唱,一时间传了出去,南唐旧臣听了,无不黯然神伤。

话说徐铉看过李后主之后,宋太宗问他:"李煜都跟你说了些什么?"徐铉也不敢隐瞒,于是把李煜后悔自己错杀潘佑、李平等忠臣的事全告诉了宋太宗。宋太宗听了,知道李煜仍在思念故国,没忘亡国之痛,就有了除掉他的意思;如今知道了他的这首《虞美人》之后,宋太宗不由大怒,于是赐毒药给他。李后主服毒自杀而死,时年41岁。

知识链接

宋祁妙词得佳偶

宋祁,是北宋初年著名的文学家。他曾经和欧阳修等人一起修《新唐书》,诗词都写得非常好。

宋祁曾和他的哥哥宋郊(后改名庠)游学安州。他把自己得意之作呈给安州太守夏竦,希望得到他的引荐。夏竦曾约请他到府中相见,酒席宴前,宋祁赋《落花诗》一首,从此便在宋初文坛崭露头角。这首诗写道:

第四章 唐宋时期的文人

堕素翻红各自伤，
春楼烟雨忍相忘？
将飞更作回风舞，
已落犹成半面妆。
沧海客归珠迸泪，
章台人去骨遗香。
可怜无意传双蝶，
尽付芳心与蜜房。

夏竦看后，果然不同凡响，连连称道，预言宋祁"必中甲科"。

夏竦果然识才。宋仁宗天圣二年，二十六岁的宋祁和哥哥宋庠同举进士，都以词赋高第，宋祁尤为突出，被封为工部尚书、翰林学士承旨，顿时名震京城。人们都称他们兄弟为"大、小宋"。从此，两兄弟顺利地登上了仕途。

一天，宋祁路过繁台街，正逢皇帝出行，宋祁慌忙闪过一旁，让车驾先过。这时一辆车中有位妙龄宫女，正悄悄掀起车帘一角，偷看街景，不想正看见站在一旁的宋祁。宫女认得这位就是名震京城的宋祁，无意地自言道："风流才子小宋也！"哪知这句话被宋祁听到了，顿时在他心中掀起波澜，他心神不定地揣测道："这女子定已钟情于我，而我却不知！天啊，有情人总该成眷属！"回到家里，他仍念念不忘这位宫女，便提笔写下了一首《鹧鸪天》。词云：

画毂雕鞍狭路逢，一声肠断绣帘中。
身无彩凤双飞翼，心有灵犀一点通。
金作屋，玉为笼，车如流水马如龙。
刘郎已恨蓬山远，更隔蓬山几万重。

谁料这首词，一时间被竞相传唱，竟传到了宫中，仁宗皇帝也知道了这件事。他觉得这件事十分有趣，也真以为宫女对宋祁有意，就想成全这一对有情人。于是万岁爷下旨到后宫，命那天在街上直呼"小宋"的宫女，将姓名呈上。那宫女不敢欺瞒，只得将情况一一上奏。仁宗便命开御宴，宣召翰林学士宋祁进宫，做主将那宫女许配给他。宋祁喜得俯伏金阶，叩谢圣恩。仁宗皇帝风趣地说："蓬山不远矣！"

一首词换来美好姻缘，真不愧为文坛一段佳话！

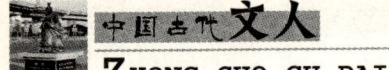

先天下之忧而忧

在我国古代文学宝库中,《岳阳楼记》堪称一篇艺术性与思想性俱佳的精品散文,其中"先天下之忧而忧,后天下之乐而乐"是后世人们传诵的不朽警句。它激励着无数有识之士时刻不忘国家和人民,要把自己理想的实现建构在国家稳定、百姓生活安康的基础之上。《岳阳楼记》一文的作者,是我国北宋时期著名的政治家、军事家、文学家范仲淹,他也是具有如此宽阔胸襟和远大政治抱负的人。

范仲淹,字希文,苏州吴县人。他出生于一个破落的名门之家。2岁时,父亲因病去世。因为家境艰难,母亲被迫带着他改嫁到一个姓朱的人家。范仲淹从小酷爱读书,他经常劝导朱氏兄弟要一心向学,将来做一个对社会有用的人。范仲淹10余岁时得知自己的身世,他便带着满满一箱书离开朱家,住进长山醴泉寺的僧房,决心通过知识来改变自己的命运。

为了集中精力读书,也为了尽可能地节省母亲给他的生活费,范仲淹每天天刚蒙蒙亮就起身,到庙里的灶间煮一盅稀粥,等到稀粥冷却凝结后,范仲淹用刀子把粥划成四块,早上吃两块,余下的两块留到晚上再吃。这就是"断齑划粥"典故的由来。

这样,范仲淹在醴泉寺一住就是3年。3年中,范仲淹读懂了《诗经》《论语》,读透了儒学大家们的名篇佳作,小小年纪已可以出口成章,而且章章句句都是儒家先贤的至理名言。范仲淹深深地沉迷于中国古典文学博大精深的世界里。

但是,欲博古通今仅仅读懂、读透手头的这些书籍是远远不够的。为了开扩眼界、广泛涉取知识,年仅19岁的范仲淹辞别醴泉寺老主持,踏上了寻访名师的道路。他听说应天府有一所全国最知名的学府,叫作南都学舍。学术界最有名望的前辈在那里设坛讲学,各地学子闻风而至,学习风气浓厚。于是,范仲淹一路风餐露宿,千里迢迢赶奔应天府。一进南都学舍,范仲淹的整个身心便被吸引了,书房里摆放着整架的书籍,充斥于整个房间的是挥之不去的书卷气和埋头苦读的身影。范仲淹收拾好行李,很快地融入到这种氛围之中。

他如饥似渴地阅读,甚至忘记了时间。连续地刻苦攻读使得范仲淹异常疲倦,有时候读到三更天,范仲淹实在倦得睁不开眼睛,就硬撑着身子到房

第四章 唐宋时期的文人

外取来一盆冷水，以冷水敷面，等倦意消失了，再继续攻读。

在这里，范仲淹依然像从前一样，每天靠吃粥度日。到了后来，连一日两餐都保证不了，但仍然不改其志。大家都很赞赏范仲淹的刻苦求学精神，同时对他的困难处境也十分同情。同学中有个官宦人家的子弟，将范仲淹的遭遇禀告了父亲，父亲听了非常感动，告诫儿子，生于忧患，死于安乐。贫穷和暂时的困难并不是什么耻辱，历史上凡是成就一番大业的人，必然是经受过一番磨砺之苦的人。作为富贵人家的子弟千万不能歧视范仲淹，而应该想方设法去帮助他。此后，这个同学每次从家里回来，都带回大包小包好吃的东西送给范仲淹，并且嘱咐他要好好保重，不能因为学习而搞垮了身体。过了一段

范仲淹塑像

时间，这个同学到范仲淹宿舍去请教问题，意外地发现他前几次送给范仲淹的吃食竟然原封未动。这个同学十分不解，他生气地责问范仲淹："我的父亲听说你昼夜读书，怕你饿了肚子，所以才让我给你带来一些食物，难道吃了我们家的东西会玷污了你美好的品德吗？"

范仲淹笑道："那倒不是，令尊托你捎来那么多好吃的东西，我感激还来不及呢，怎么会产生那种不近情理的想法？只是我长久以来吃粥已经习惯了，你让我吃这样的美味，下一顿再吃粥，我还能吃得下去吗？"

经过10多年的苦读，范仲淹终于金榜题名，他先后在朝中担任右司谏、吏部员外郎、知州、枢密副使等职，曾主持实施"庆历新政"。由于朝中保守势力的反对，新政只推行了10个多月就被迫全部废止。范仲淹受了很大打击，但是他并不因为个人的遭遇感到懊恼。时隔一年，他的一位在岳州做官的老朋友滕宗谅，修建了当地的名胜岳阳楼，请范仲淹写篇纪念文章。范仲淹挥笔写下了《岳阳楼记》。在文中，范仲淹说，一个有远大政治抱负的人，他的思想感情应该是"先天下之忧而忧，后天下之乐而乐"。

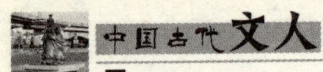

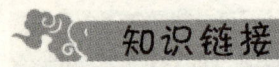

将军白发征夫泪

　　范仲淹是北宋著名的政治家,同时,他更是一位了不起的文学家。
　　康定元年,西夏元昊称帝后举兵进攻延州,宋王朝与西夏开始交兵。这年七月,范仲淹和韩琦同时被任命为陕西经略安抚使兼知延州,来到西北前线,后又以各种身份,与韩琦分管陕甘军政大事。作为一名大将,范仲淹与西夏寸土必争,人们说:"小范老子胸中有数万甲兵",西夏也因他不敢轻易进犯。
　　可是,远离家园的滋味毕竟是难受的,无论是兵士和将领都不免有些思念家乡。尤其时值塞外九月时,秋风乍起了,那塞外特有的边声——秋风呼啸,驼马长嘶,草木繁响,就会使人越发感到凄凉。兵士们吟唱着一支悠长的曲子,仰望雁儿南归,心中的愁情越发难以言诉。远处群山层叠,似笼罩着茫茫烟雾,当太阳西沉时,这里仿佛只剩下一座孤城。在这紧闭的城门里,一杯浊酒如何挡得住寒冷孤寂?悠悠羌管,皑皑白霜,谁能安然入梦?可是战争的烽火时时燃烧,若不完成抗敌大功,家园不会安宁,将士们谁又忍心回去呢?
　　所有能够做的,也不过是将军梳理一下头发,战士拭拭思乡泪罢了……
　　作为一名主帅,他深深体验到了边防生活的艰苦和战士们矛盾复杂的情绪,他为此感动着,终于,他挥笔写下了《渔家傲》词:
　　　　塞下秋来风景异,衡阳雁去无留意。
　　　　四面边声连角起。千嶂里,长烟落日孤城闭。
　　　　浊酒一杯家万里,燕然未勒归无计。
　　　　羌管悠悠霜满地。人不寐,将军白发征夫泪。
　　这是一幅十分沉郁而苍凉的图景,在边声号角、长烟落日的壮阔雄伟的背景下,戍边战士立功报国的壮志和离家后难以名状的忧思,如同洪水击石一样冲击着人们的心灵,让人在感知那一份无尽苍凉的同时也肃然起敬。
　　可是,范仲淹不仅仅是一位面目严峻、神态凛然的带兵将帅,他有着一颗豪情万丈、正气凌云的心;他还是一位文人,很多时候,他也有文人的多情善愁的一面。例如在《苏幕遮·怀旧》里,他柔肠宛转,缠绵悱恻地写道:

第四章 唐宋时期的文人

碧云天，黄叶地。秋色连波，波上寒烟翠。山映斜阳天接水。芳草无情，更在斜阳外。

黯乡魂，追旅思。夜夜除非，好梦留人睡。明月楼高休独倚。酒入愁肠，化作相思泪。

这也是向人们展示一幅动人的秋景，但这秋景，不是在塞外，而是在一个秋色连波的美丽的地方，同样也有乡思，却少了一份豪情，多了一腔柔情似水、绵绵不绝的深情。

范仲淹一生作词很少，但就凭他这两首风格迥异、却同样感人的词，奠定了他在词坛上的一席地位。怪不得人们称赞他的词"字字珠玉、掷地有声"呢。

苏轼宴席斥群丑

苏轼（1037—1101年），字子瞻，号东坡居士，四川眉山人，北宋大文学家、书法家、画家，在诗文书画方面造诣很高，诗文有《东坡七集》等。为"唐宋八大家"之一。

传说宋朝元佑年间，苏东坡受哲宗委托，微服轻装到浙江暗察民情。

一天傍晚，他来到了处州府，听人说，处州知府杨贵和县令王笔都到当地富豪留山虎家里去吃寿酒了。苏东坡一想，好啊，官绅勾结、鱼肉百姓，早就有人告到朝廷，今日我就亲赴寿宴，当面见识一番。于是，他备了一份"寿礼"，向东门留山虎家走去。

留山虎，家有良田千亩、森林万顷，庄客上百，人称"处州霸王"。这天夫妻双双做寿，一府七县的大小官员都已到场。就在这时，留家总管禀报："客人到！"留山虎斜眼一瞄，是个年约50的过路人，风尘仆仆。总管送上礼单，

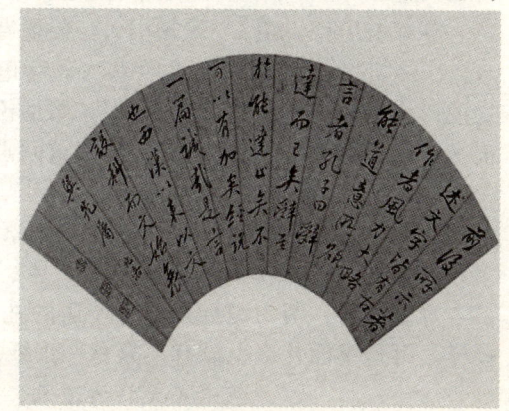

苏东坡书法

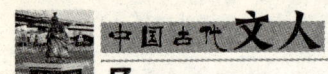

上面只写着"清风锁一盒",他想这一定是什么宝贝,就小心翼翼地接过檀香木制的盒子,问客人尊姓大名。客人却笑了笑说:"少刻便知。"

入席了,寿堂第一桌的首位没有人坐。杨贵、王笔同其他几个县令,故意让来让去。留山虎假作客气地说:"谁坐首位都行,不要谦让了。"苏东坡趁机说:"主人说得对,恭敬不如从命,我来吧。"便大模大样地坐了上去。王笔一看不对,便借故道:"人说,诗助酒兴,我们还是来赋诗,凭诗的好坏轮流坐首位,诸位看怎么样?"众人齐声赞同。只有苏东坡笑而不答,王笔料定他不会作诗,于是领头吟了起来:

　　一个朋字两个月,一样颜色霜和雪;
　　不知哪个月下霜,不知哪个月下雪。

另一个知县接说:

　　一个出字两重山,一样颜色煤和炭;
　　不知哪座山出煤,不知哪座山出炭。

随后,杨贵也吟道:

　　一个吕字两个口,一样颜色茶和酒;
　　不知哪张口喝茶,不知哪张口喝酒。

最后,轮到苏东坡。只见他从容吟道:

　　一个二字两个一,一样颜色龟和鳖;
　　不知哪一个是龟,不知哪一个是鳖。

东坡吟毕,寿堂内立即喧哗了。因为"龟"和"贵"同音,"鳖"和"笔"同音,这不是分明在骂知府大人和县令王笔吗?当下王笔大怒:"大胆,今天留老爷和夫人寿庆,你不祝贺,反而侮辱他们是'龟'和'鳖',真是岂有此理。"

苏东坡厉声说道:"无知小人!要说骂,霜雪见不得阳光,煤炭遇火化成灰,茶酒进肚变成尿,这才叫骂。只有龟鳖是长寿的标志。古人有'寿龟'之说,难道你连这个都不懂吗?"一席话说得他们无话可对。知府杨贵这才知道来者绝非常人,于是改口问道:"请问贵客高姓大名?"

"我乃苏东坡!"苏东坡答道。

众人一听,如雷贯耳,天哪!他就是京城里的大官苏东坡!一时寿堂上一百多人"唰唰"地向苏东坡下跪。知府、县令哀求道:"恕小的们有眼不识泰山。"

寿宴散后,留山虎打开苏东坡送的礼盒,想看看"清风锁"到底是什么模样。可是里面什么也没有,只有一张纸,上面写着一首诗:

　　老弟无钱远道来,身边只有一枝梅;
　　借得一盒清风锁,送汝成仙上玉台。

第四章 唐宋时期的文人

留山虎想，"成仙"是离开人间之意，"玉"与"狱"同音，即是"地狱"，难道我的所作所为他都知道了……他吓得汗落如雨瘫倒在地上。

果然，苏东坡后来回到京城，向皇上奏明这三人鱼肉百姓的罪行，将他们处刑判狱，处州人民无不拍手称快！

知识链接

晏殊惜才得佳句

"无可奈何花落去，似曾相识燕归来"，一吟起这句词，我们就不得不赞赏它的作者晏殊文才出众，与众不同。然而，你可知道，这句词的由来吗？

晏殊，是一位少年得志的宰相，也是著名的词人。他虽居高官，却很注重选用人才。

一日，他路经扬州大明寺，看到庙中墙壁上有许多游人所题的诗篇。古时爱写诗的人往往在自己游经的地方题上几句诗，或表明自己游览时的感触，或显示自己的诗才，而这种诗大多庸俗平常。所以晏殊只是微闭双眼，慢慢地踱着，命跟随的人将寺中的题诗一一念来，但不要念姓名，以免自己"先入为主"，因诗的作者的名气大小来品评诗。而他认为名家的作品不一定都是名作。一会儿，他听到手下人念到一首诗：

水调隋宫曲，当年亦九成。
哀音已亡国，废沼尚留春。
仪凤终陈迹，鸣蛙底沸声。
凄凉不可问，落日下芜城。

晏殊听后，觉得这首诗别具一格，与众不同，诗意清新，词句深沉，便忙问这首诗系何人所做。手下人回答："江都县尉王琪。"这不过是一个毫无名气的小官，若不是先读诗后看作者，恐怕没有人会读这首诗了。晏殊却觉得此人一定有学问，不妨请来一试。便派人到江都县把王琪请来。两人共饮，谈得很是投机。时值春末夏初，花园荷花满池。晏殊有心当面考考王琪，就说道："我很喜欢做诗，每逢想到好的句子，就写在墙壁上，等有了好句，再补续上。我曾写过这样一句诗：'无可奈何花落去'，自己

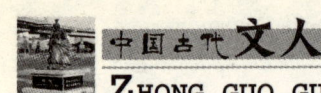

十分喜爱，谁知一过几年我也想不上一句好诗对上，您看……"

王琪沉吟片刻，就说道："何不对以'似曾相识燕归来'！"

晏殊听后，大喜过望，赞不绝口。他认为王琪确有真才实学，就大力举荐，两人从此成了知交。

后来，晏殊又以此联为基础，写了一首七律诗，题为《示张寺丞·王校勘》

元巳清明假未开，小园幽径独徘徊。
春寒不定斑斑雨，宿醉难禁滟滟杯。
无可奈何花落去，似曾相识燕归来。
梁园赋客多风味，莫惜青钱万选才。

因为晏殊特别喜爱这一联，所以他又以此联填了一首《浣溪纱》词：

一曲新词酒一杯，去年天气旧亭台。
夕阳西下几时回。
无可奈何花落去，似曾相识燕归来。
小园香径独徘徊。

相比之下，这首词更为出名。后人多以为，诗不如词。因而现在的人们，大多只知道有这首词，却不知还有一首诗了。

才胜夫婿的李清照

李清照是宋代著名的女词人，在我国封建社会的文坛女性中，她显得格外灼亮夺目。李清照的词的风格一般被人们分为两个时期，前期主要词作都写在她与赵明诚婚后，格调活泼明快；后期自从赵明诚去世，清照南渡后，她的词作格调才转向沉郁忧伤。由此可见，与夫婿赵明诚的幸福生活深深地影响了李清照的创作。

李清照是在宋徽宗建中靖国元年（1101年）。她18岁时嫁给太学生赵明诚，此后他们共同渡过了近30年志同道合、亲密相处、相濡以沫的幸福生活，直至明诚病故。关于两人的结合，词史上流传着一段"昼寝梦读"的故事。

赵明诚年轻尚未婚娶时，曾在白天做了个梦，梦中读书入神，醒来只记得三句："言与司合，安上已脱，芝芙草拔"，他把这个梦告诉了他父亲。他

第四章 唐宋时期的文人

李清照铜像

父亲解释道:"你将来会娶到一位能写文填词的妻子。'言与司合'是'词'字,'安上已脱'是'女'字,'芝芙草拔'是'之夫'二字,这难道不是说你是词女的丈夫吗?"后来赵明诚娶李清照时才知道,李清照自幼爱好文学,很小的时候就在父亲母亲的培养熏陶下进行文学创作,尤以诗词见长。

这段饶有情趣的故事,给李清照、赵明诚的美满婚姻增添了一个富丽光彩的光环。两人婚后,在墨香芳馥的家中,过起了一种含英咀华、怡乐无涯的生活——他们两人志趣相投,都喜爱唱和诗词,搜集、鉴赏金石字画。公事之暇,赵明诚对金石书画收集颇有研究,妻子成为他称意的学友;后来赵明诚写了一本《金石录》,李清照为之写序《金石录后序》,十分生动地记录了他们的家庭生活。

李清照写道,在故乡诸城十余年的乡居生活中,他们生活安定,"仰取俯拾,衣食有余"。他们搜集金石刻辞、古物和字画,每得到一种珍品,就"摩玩舒卷，指摘疵病"，每夜都要到一枝蜡烛燃尽才罢休。这些搜集来的书画等物收藏在归来堂，在他们的归来堂里，各种书画"罗列枕籍"。每到吃罢晚饭，他俩就玩一种"翻书赌茶"的游戏，他们一边烹茶，一边指点着堆积的古书，说某事在某书某卷第几页第几行，以说对与否来决定胜负，谁先胜谁先饮茶。李清照资质聪颖，往往是"中即举怀大笑，至茶倾覆怀中，反不得饮而起"。从这些描述中，我们看出，李清照的性格是多么活泼爽朗！

在这种夫唱妇和的日子里，李清照写词的艺术才华慢慢展露出来。她的才华是胜赵明诚一筹的，常常是李清照逞才吟哦，赵明诚苦思为难，对此，赵明诚也不讳言。每到降雪的时候，夫妻便联袂踏雪，豪情雅兴颇高。李清照头戴斗笠，身披蓑衣，和赵明诚一起绕城而行，时时极目眺望远方，从大自然的美好雪景中孕育创作灵感。每次李清照作一首词，都要邀请夫婿相和，赵明诚对此常常叫苦不迭。

一年重阳节，李清照非常思念出仕不归的丈夫，加上天气转凉，更觉凄清，于是填了一首《醉花阴》寄给丈夫，词曰：

薄雾浓云愁永昼，瑞脑销金兽。佳节又重阳，玉枕纱橱，半夜凉初透。

东篱把酒黄昏后，有暗香盈袖，莫道不销魂，帘卷西风，人比黄花瘦。

这首词用菊花比人的瘦来说明相思之苦，情之深、意之切，难以名状，而委婉含蓄之中又充分地表达了自己对丈夫的一片深情。

赵明诚读后感慨万分，但同时也自愧不如。但在好胜心的驱使下，他还是要同妻子比一比高低。他闭门谢客，废寝忘食地写了三天三夜，一口气写出50首词。他把这50首词同李清照的《醉花阴》夹在一起，请他的好友、颇有诗词素养的陆德夫鉴赏、评定。陆德夫在反复吟咏、再三揣摩之后，以他的慧眼挑出三句："只三句绝佳。"赵明诚忙问哪三句，德夫答道："莫道不销魂，帘卷西风，人比黄花瘦。"这正是李清照所做。

赵明诚的和词，我们今天是不能亲睹了，但是李清照的这首《醉花阴》却一直流传下来，以它温柔蕴藉的美打动了无数的人，人们评它"黄花比瘦，可谓雅畅"，"此语亦妇人所难测。"《醉花阴》词和赵明诚的"赓和轶事"相得益彰，一时成为词苑美谈。

李清照的才情在当时便得到了许多人的称赞，她的词脍炙一时。王灼写道："易安居士自少年便有诗名，才力华赡，逼近前辈，在士大夫中已不多得。若本朝妇人，当推文采第一。"到了清朝，李调元更是推崇李清照，他说："易安在宋诸媛中，自卓然一家。"又说，"不徒俯视巾帼，直欲压倒须眉。"由此可见，李清照的艺术成就，不仅仅胜过和她同时的闺怨诗人以及她

第四章 唐宋时期的文人

的丈夫、词才并不出色的赵明诚,就是相对于那些负一代词名的男性词人秦少游、黄山谷等人,她也足够与之分庭抗礼。

风流总被雨打风吹去——辛弃疾

辛弃疾字幼安,号稼轩居士,山东济南人。他是南宋时期一位"凛然有节操"的爱国志士,22岁时,便参加了抗金领袖耿京领导的义军,义军被叛徒张安国出卖而溃败,辛弃疾率50人冲进5万人的金营,生擒张安国,震撼了南宋朝廷。南归后,他又连续给孝宗皇帝上书,力主抗金复国方略。可是,南宋统治集团是主和派掌权,辛弃疾的爱国主张始终未能实现,只能远离前线去做地方官,还不断受到臣僚排挤和打击,他一再被弹劾罢官,前后被迫隐居长达20年之久。辛弃疾将自己的爱国理想、襟怀、抱负以及对国家、民族命运的关注寄托于词。

每次宴会,辛弃疾总要叫随侍歌妓演唱所作之词,他特别喜欢听唱《贺新郎》,还自己吟诵其中的警句:"我见青山多妩媚,料青山见我应如是。"还有:"不恨古人吾不见,恨古人不见吾狂耳。"每次吟诵到这里,辛弃疾就忍不住拍腿大笑,并且询问在座的客人觉得怎么样,客人们都异口同声地赞叹。

后来,辛弃疾又作了一首《永遇乐》词,讲述孙权北伐与宋军抗金的事情。全篇如下:

千古江山,英雄无觅,孙仲谋处。舞榭歌台,风流总被,雨打风吹去。斜阳草树,寻常巷陌,人道寄奴曾住。想当年,金戈铁马,气吞万里如虎。元嘉草草,封狼居胥,赢得仓皇北顾。四十三年,望中犹记,烽火扬州路。可堪回首,佛狸祠下,一片神鸦社鼓。凭谁问:廉颇老矣,尚能饭否?

词写好以后,辛弃疾特意设宴召来几位客人,让歌妓轮流歌唱这首词,亲自敲击乐器加以伴奏。歌毕,他一一询问客人,一定要大家指出这首词的毛病来。大家大都谦逊地说指不出,客人中也有人讲了一两句,却又不合辛弃疾的心意,辛弃疾就不予理会。他摇着羽扇继续四面寻找。这时,岳飞的孙子岳珂入席刚刚坐定,辛弃疾想起前不久岳珂来拜访自己时,曾呈献《通名启》,

辛弃疾

文章简洁明快，颇有见地。更何况岳珂年轻，敢于讲真话，何不叫他谈谈呢？

岳珂推辞不下，就爽快地作了回应："先生的词作，确实像众位大人说的那样已脱尽古今习套，无人可敌，我是晚辈，年纪又小，本来懂得的就不多，怎么敢对您的词作妄加议论呢？但是，如果您一定要像范仲淹那样，出千金为他写的《严先生祠堂记》求一字之改，我这个做晚辈的私下里还真有一点疑问想向您请教。"辛弃疾听了以后非常高兴，他拖了把椅子坐在岳珂身边，催促他快说。岳珂说："先生的《贺新郎》写得豪放，非世人能及，只是前后两阕的警句用语有些相似；《永遇乐》一篇，典故的使用稍微多了些。"辛弃疾连连点头，他边给岳珂倒酒，边对客人们说："岳珂确实说中了我的毛病。"于是就吟咏修改词句，一天改了几十次，几个月还没修改完。从其中可窥辛弃疾作词认真之一斑。

不畏先生嗔，却怕后生笑

欧阳修是宋代著名的政治家与文学家，他一生著作甚丰，但因忙于公务，一直没能腾出手来把自己的文章、诗作加以整理。欧阳修曾对好友说，平生最大的愿望就是想重新校勘自己的诗文，结集刊印，让后辈们评鉴。

到了晚年，欧阳修辞去官职专心编定平生所写文字。因为诗文皆是早年所作，尤其是那些作于"三上"（即马上、枕上、厕上）的文章，在欧阳修看来可以说是相当粗糙。为了让它们早日面世，欧阳修不断加快修改的进度。欧阳修深知，修改校勘的进度可以加快，但诗文的质量却丝毫马虎不得。为此，欧阳修把文章抄录下来，把它们张贴在书房的墙壁上、门板上、窗户上、书柜上，总之，凡是房中比较显眼的地方都被贴满了文稿，欧阳修利用茶余饭后等一切可以利用的时间来校对修改文稿。他边读边改，一直改到满意为止。有的文章与改前相比，面目全非，有的甚至是全部重写。如我们大家熟知的那篇《醉翁亭记》就是欧阳修反复修改锤炼的结果，首句"环滁皆山也"，起初用了十几个字，他嫌冗长累赘，多次删减，最后只保留上面五个字。

好友来访时，夫人时常抱怨，说欧阳修书房里的灯晃得人眼睛发胀，总也睡不好觉。还说有时早上等欧阳修吃饭，好长时间都等不到人，推开书房的门，才看见欧阳修不知什么时候已趴在书桌上睡着了，睡梦中还在斟酌字句。

欧阳修知道，其实夫人是心疼他年老多病的身体，希望他不要过分操劳。记得有一次，夫人曾开玩笑似地劝阻欧阳修说："您的文章即使不改也比现在的年轻人写得好，何必自讨苦吃，和自己的老命较劲，难道您还怕先生责怪吗？"欧阳修笑着说："倒不是怕先生责怪，我怕的是文章辞不达意，惹后生们耻笑啊！"

苏洵焚稿与王安石改字

1. 苏洵焚稿

苏洵二十七岁那年的一天,他正像往常一样随手翻书阅览,无意中发现一篇关于古人爱惜时间、刻苦攻读的故事。他认真地读了一遍,感到这故事很生动,又读了一遍,更加感到有意义,于是他反复读了好几遍,每读一遍,就有一次收获。他觉得这故事好像是专为自己写的一样,不由得心中发出感叹:"时光无情地飞逝,我已经快到而立之年了,自己虽然写过一些文章,却都是些平庸之作,没有什么大的建树。"他想:现在不努力,还要等到什么时候啊!从这时起,苏洵又开始发愤苦读。经过一年多时间,他觉得自己在学习上有了长进,就急急忙忙地参加录取秀才和进士的两场考试,但两次考试都落了榜。这件事对他的打击很大,不过,他没有灰心丧气,决心重新振作起来,因此他陷入沉思,但也没有理出头绪,不知从哪儿做起。

有一天,苏洵正在书房里整理他以前写的书稿。面对这些书稿,他发现了自己的不足,他想既然他对自己的书稿也感到不满意,又怎能让它们在世

苏洵雕像

119

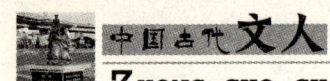

上流传呢？于是他将这数百篇书稿统统抱出屋去，放在一个空地上，点上一把火，化为灰烬。他之所以这样做，正是为了坚定自己从头做起的决心。焚稿后，他如同放下一个沉重的包袱，更加轻松愉快地刻苦学习了。苏洵有时在家闭门苦读，有时奔走四方，求师访友，一年到头忙个不停，以致后来他两个儿子的学习都要靠他妻子教导。

经过二十多年的努力奋斗，苏洵已经阅读了大量的书籍，既精通《五经》和诸子百家学说，同时又对古今是非成败的道理进行探讨，使自己具有了渊博的知识和惊人的才智，再写起文章来，往往到了"下笔顷刻数千言"的程度。他写了许多有研究价值的论文，受到了家乡学者的倾慕，他自己也真正体会到了成功的乐趣。此时他的大儿子苏轼、二儿子苏辙也都长大成人，而且在他的影响下也同样才华出众。他就带着自己写的论文和两个儿子到京城游学。当时，文坛领袖欧阳修担任翰林学士，他看了苏洵的论文后很赏识，认为这是当今最好的文笔。欧阳修平时非常器重有才华的学者，这次更不例外，于是他将苏洵的二十二篇文章推荐给朝廷，希望引起朝廷的重视。一时间，朝廷上下震惊，京城内外的学者传阅他的文章都赞不绝口，并且争相效仿苏洵的文章写作方法。苏洵这位晚学成才的散文家，也从此闻名于世。直到很久以后。还广泛流传着赞誉苏洵文章的民谣："苏文熟，吃羊肉；苏文生，吃菜羹。"

成功来自于勤奋，不经历风雨怎么见彩虹。唯有不息进取、永不满足方可达到更高的境界。

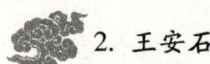

2. 王安石改诗

京口瓜洲一水间，钟山只隔数重山。
春风又绿江南岸，明月何时照我还？

这是宋代大诗人王安石的一首脍炙人口的七言绝句诗，诗名《泊船瓜洲》。这首诗作于1075年，是诗人途经瓜洲，怀念金陵寓所的怀旧之作。然而，这首诗之所以出名，并不完全在于诗本身的意境之美，而出于人们对诗人炼字功夫的褒扬。

翻阅吴中一位读书人家收藏的王安石诗草稿，可以看到，第三句最初写的是"春风又到江南岸"，后圈去"到"字，旁边批注"不好"，改为"过"。后又圈去，改"过"为"入"，再后来又圈去"入"改为"满"字，一共修改了十多字，最后才定为"绿"字。从这一记载，不难想象，诗人在词句的锤炼上花费了多大工夫。当年，为了找到这个"绿"字，王安石殚精竭虑，仔细斟酌了多少个夜晚！

第四章 唐宋时期的文人

"绿",本来是表示颜色的名词,在这里却被用作动词,译作"使……变绿",透过它,我们可以感受到一股扑面而来的春天的气息。相对"绿"字,"春风又到江南岸",或者"春风又过江南岸"等句就显得逊色得多。若用"入"字,语法上似乎讲不通,我们通常说"入江南",即进入江南,而不说"入江南岸",即进入江南岸。"满"字也不好,春风是时刻充溢于大地空间的,无所谓"满"或"不满"。可以说,"绿"字的使用显然是诗人最佳也是最明智的选择。一个"绿"字,写尽了江南春色满园的灵动色彩,写活了杨柳春风的神奇力量。它自然地引发出下一句,天上的明月呀,你什么时候才能带我回到梦魂牵绕的金陵呢!

留取丹心照汗青——文天祥

文天祥的名字,人们耳熟能详。他是我国历史上著名的民族英雄,也是南宋时期杰出的爱国诗人。文天祥,号文山,宋理宗宝祐四年(1256年)进士,历任校书、刑部郎官、右丞相等职。

文天祥生活的年代正是民族矛盾日益尖锐的时期。北方的蒙古族被称为"马背上的民族",他们骁勇善战,征服欲望强烈,到公元1270年前后,他们已经将北方的大片土地圈入了自己的版图。然而,蒙古族统治者认为,仅仅在长城以北活动是远远不够的,他们的野心是要占有南部广大地区。为此,他们做的第一件事便是改国号为"元",紧接着就组织了大批兵力,大举南侵。南宋王朝偏安一隅,无力抵抗,中原的大好山河便沦于元兵的铁蹄之下。

文天祥始终坚持保国抗敌,他曾亲自组建了一支3万余人的抗元武装队伍,挥戈跃马,奋勇杀敌。文天祥谆谆告诫兵士们,现在国家正处在危亡时刻,大家应该倾其所能报效国家,收复失土,即使以身殉国,也在所不惜。因此,文天祥的军队所向披靡,元军节节败退,闻风而逃。为了遏制文天祥强大的攻势,元世祖忽必烈采取了一系列措施迫使南宋王朝投降议和。孤军作战的文天祥由于得不到充足的给养和援助,祥兴元年

文天祥塑像

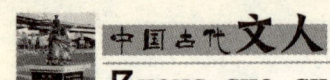

（1278年）十二月，终于兵败被俘。

元军主帅张弘范为了尽快消灭南宋的军队，命人押解文天祥直扑崖山，企图逼迫文天祥说服劝降当时镇守在崖山的南宋爱国将领张世杰，以达到邀功请赏的目的。

当船驶过零丁洋（今广东中山县南）时，文天祥思潮翻滚，回想几年来南征北战的生活，文天祥感触颇深。自己从小便立下报国之志，可惜世事难料，报国之志难酬。如今国难当头，自己也不幸身陷囹圄，遭遇人生的最低谷，但是，和那些死难的将士相比，自己的被俘受虐又算得了什么呢？人的一生，谁能够做到可以永远不直面死亡？其实，死，并不可怕，可怕的是失掉民族气节，做一个屠戮人民的元军帮凶。

次日，船至崖山。元军见宋军严阵以待，不敢轻易进攻。张弘范命令部将李恒前去规劝文天祥，李恒原是文天祥麾下的一员大将，后兵败被俘，降于元军。文天祥历数李恒降元的错误，并对李恒所犯错误痛心疾首。他挥笔泼墨，在囚室的板壁上写下流传千古的名篇《过零丁洋》：

　　　　辛苦遭逢起一经，干戈寥落四周星。
　　　　山河破碎风飘絮，身世浮沉雨打萍。
　　　　惶恐滩头说惶恐，零丁洋里叹零丁。
　　　　人生自古谁无死，留取丹心照汗青。

这是一篇饱含着强烈爱国激情的战斗檄文，集中体现了文天祥的爱国主义精神和大无畏的英雄气概。文天祥虽然衣衫褴褛，披枷戴锁，目光中却分明透露出坚毅与从容。李恒看罢，悄悄地退了出去。

文天祥被俘3年，一直拒不投降。元世祖忽必烈佩服他的忠君报国之心，曾亲自会见文天祥，愿委以丞相之职，但文天祥傲然挺立，道："愿一死足矣！"公元1282年12月，文天祥死于元军的屠刀之下，终年47岁。

钗头凤沈园留遗恨

陆游，是南宋时期杰出的文学家。据史料记载，陆游20岁时，跟舅父的女儿唐婉结婚。唐婉年轻貌美，温柔多情，婚后夫妻感情极好。但陆游的母亲却不喜欢唐婉，认为小两口情投意合，终日嬉笑无间，会误了儿子的前途。所以她强迫唐婉与陆游离异。陆游不敢违抗母命，只得忍痛休妻。这在陆游的一生中留下了无法弥合的创伤，使得他抱憾终生。此后，唐婉改嫁赵士程，陆游也迫于母命再娶王氏为妻。

宋高宗绍兴二十五年，31岁的陆游已经是3个孩子的父亲了。一日，他

第四章 唐宋时期的文人

到山阴城东南的沈园游玩,不期遇见了魂牵梦萦数载的前妻唐婉。两人在一座小桥上猝然相逢,都有千言万语想要倾诉,但表妹的身后跟着她的丈夫赵士程,因而两人只好默默无语,擦身而过,如同陌路。但千种离情别绪、万般哀怨愁苦,却一齐涌上心头。试问,即使可以交谈,又能说些什么呢?一切如醒似梦,叫人断肠!

唐婉也不胜悲戚,她不便和表兄交谈,只有命仆人致送酒菜,却再也无从互通情愫了。陆游举杯在手,肝肠寸断,悲痛难禁。于是挥笔在沈园的粉墙上题了一首《钗头凤》:

红酥手,黄縢酒,满城春色宫墙柳。东风恶,欢情薄。一杯愁绪,几年离索。错,错,错!

春如旧,人空瘦,泪痕红浥鲛绡透。桃花落,闲池阁。山盟虽在,锦书难托。莫,莫,莫!

不久,唐婉见到了这首词,悲痛欲绝,在陆游的《钗头凤》旁边也题了一首词:

世情薄,人情恶,雨送黄昏花易落。晓风干,泪痕残。欲笺心事,独语斜阑。难!难!难!

人成各,今非昨,病魂常似秋千索。角声寒,夜阑珊。怕人寻问,咽泪装欢。瞒!瞒!瞒!

不久,唐婉就抑郁而死。

陆游却一直没有忘记唐婉,没有忘记他们在沈园的那次偶遇。宁宗庆元五年,75岁的陆游,独自重游沈园。他漫步来到40年前与表妹最后会面的小桥上。回首往事,感慨万端。写下了两首《沈园》诗,记述此番重游的悲切心情。诗云:

城上斜阳画角哀,沈园非复旧池台。
伤心桥下春波绿,曾是惊鸿照影来。
梦断香消四十年,沈园柳老不吹绵。
此身行作稽山土,犹吊遗踪一泫然!

在他81岁那年,已是白发苍苍、老态龙钟的陆游,仍不忘长眠于九泉之下的唐婉。写了两首怀念她的诗《十二月二日梦游沈氏园亭》:

路近城南已怕行,沈家园里更伤情。
香穿客袖梅花在,绿蘸寺桥春水生。
城南小陌又逢春,只见梅花不见人。
玉骨久成泉下土,墨痕犹锁壁间尘。

陆游对唐婉真可谓是一往情深,即便是相隔40多年之久,他仍然无法忘

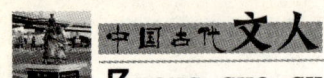

记沈园相会的一幕,连睡梦中也不能忘怀。怎不叫人痛彻肺腑!

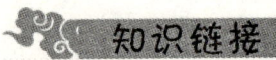

秦观以诗易食

秦观,字少游,是北宋著名的词人,与黄庭坚、晁补之、张耒并称"苏门四学士"。

秦观一生坎坷。六岁时,他的父亲因慕汴京太学中王观的才学,将他的名字取为"观",希望他以后能像王观那样满腹经纶。父亲去世,秦观与母亲随祖父、叔父在大家庭中生活。特殊的生活环境,形成了秦观沉默寡言、不爱与人交往的个性。十九岁时,秦观与潭州宁乡主簿徐成甫的大女儿成婚,婚后,秦观一家守着百余亩薄田度日,即使是风调雨顺的好年成,也仅能满足全家的衣食所需。要改变这种窘迫的境况,只能借助于"求仕"。然而,求取功名也不是容易的事情。秦观屡屡碰壁,直到元丰八年,秦观年近四十才得以跻身仕途。

秦观在任黄本校勘时,与时任户部侍郎的钱勰(字穆父)相识。两人因为都住在东华门的堆垛场,所以平常见面的机会较多,交往也随之频繁起来。

黄本校勘,是个小官,俸银很少。秦观又是爱书之人,一天到晚只知读书、习文,根本不懂得钻营之术。时间久了,生活便越来越拮据。到了后来,家里连下锅的米都买不起了,只能每天吃粥,最后,粥都吃不上了。

秦观思来想去,决定求助于钱勰,但又碍于情面不好意思张口。于是,就写了一首诗给钱勰,诗云:

　　三年京国鬓如丝,又见新花发故枝。
　　日典春衣非为酒,家贫食粥已多时。

意思是说,时间过得真快,转眼我来京城已经三年了。又是一年春来早,别人见我每天出入当铺典当春衣,其实这不是为了喝酒,家中贫穷,全家人已吃粥多日了。言下之意,现在我已经穷得揭不开锅了,您赶紧来救助我吧。钱勰知道秦观的性情,收到秦观托人捎来的诗,即刻亲自给秦观送去二石米。

第五章

元明清时期的文人

　　明代是一个学派纷起、思想活跃、人才辈出的时代。如"明代四才子"等一大批文人俊杰,都在中国文化的长廊中留下了灿烂的一笔。伴随着他们的人生,也留下了许多饶有风趣的传说。清代从1644—1911年,共经历了200多个春秋。在这一时期,文人轶事,流传纷呈。从许多传说中都能使人领略到文人的智慧与气度。

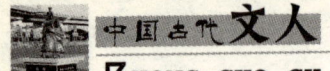

第一节
金、元时期的文人

"元人冠冕"——赵孟頫

赵孟頫（1254—1322），字子昂，号松雪，松雪道人。又号水晶宫道人、鸥波，中年曾作孟俯，汉族，湖州（今浙江吴兴）人。元代著名画家，楷书四大家（欧阳询、颜真卿、柳公权、赵孟頫）之一。赵孟頫博学多才，能诗善文，懂经济，工书法，精绘艺，擅金石，通律吕，解鉴赏。特别是书法和绘画成就最高，开创元代新画风，被称为"元人冠冕"。他也善篆、隶、真、行、草书，尤以楷、行书著称于世。

赵孟頫的青少年时期是在坎坷忧患中度过的。他虽为贵胄，但生不逢时，南宋王朝其时已如大厦将倾，朝不保夕。他的父亲赵与告官至户部侍郎兼知临安府浙西安抚使，善诗文，富收藏，给赵孟頫以很好的文化熏陶。但赵孟頫十一岁时父亲便去世了，家境每况愈下，度日维艰。二十三岁正值壮志凌云之际，他却闲居里中，无所事事。

在其母亲的激励下，赵孟頫向当地名儒敖继学习经史，向钱选学习画法，经过十年的发奋努力，学问大进，成为"吴兴八俊"之一，声闻遐迩，达于朝廷。

当时民族矛盾与阶级矛盾相当尖锐，尤其江南为南宋故地，知识分子反元情绪异常炽烈。元世祖忽必烈接受御史程文海的建议，让他到江南搜访有名望的知识分子，委以官职，借此笼络江南汉族知识分子，缓和矛盾，稳定民心。赵孟頫这个有学问的宋室后裔自然成为元廷笼络的重点对象。他盛情难却，而且此时他已闲居里中多年，常为生活所困，亦有施展抱负之愿。于是在半推半就中告别妻小，踏上北去的旅途。

1295年，因元世祖去世，成宗需修《世祖实录》，赵孟頫乃被召回京城。可是元廷内部矛盾重重，他能否进入史馆亦成是非之争。为此，有自知之明

第五章 元明清时期的文人

的赵孟頫便借病乞归,夏秋之交时,终于得准返回阔别多年的故乡吴兴。

赵孟頫在江南闲居四年,无官一身轻,闲情逸致寄于山水、诗文、书画,颇感自在。他时常到山清水秀、人文荟萃的杭州活动,与鲜于枢、仇远、戴表元、邓文原等四方才士聚于西子湖畔,谈艺论道,挥毫遣兴。有时则隐居于管夫人家乡德清,在东衡山麓的"阳林堂"静心欣赏文物书画,阅读前人佳篇,朝起听鸟鸣,日落观暮霭,过着与世无争的宁静生活。

这四年赵孟頫在暂时摆脱宦海风波后,艺术修养、书画技艺却与日俱增。他以唐人、北宋古画为楷模,为友人写山水、绘人物、作花鸟、画鞍马,抒发胸中纵横逸气,妙趣蔼然;他为佛寺道观书篆、书隶、书楷、书行、书草,行楷多王羲之笔意,如花舞风中,云生眼底,潇洒遒劲;他还考订编辑了《书今古文集注》,并将自己历年诗文辑成《松雪斋诗文集》。戴表元评之曰:"古赋凌厉顿迅,在楚、汉之间;古诗沉涵鲍、谢;自余诸作,犹傲睨高适、李翱云。"虽然朝廷曾任命他为太原路汾州知州,但赵孟頫对此离乡背井的官职毫无兴趣,托人说情后,没有去上任。只是应召一度赴京书写《藏经》,完成任务后又力辞翰苑之任,悄然南返。

1299年,赵孟頫被任命为集贤直学士行江浙等处儒学提举,官位虽无升迁,但此职不需离开江南,与文化界联系密切,相对儒雅而闲适,比较适合赵孟頫的旨趣,他干了十一年。

在江浙当文化官员,无疑为赵孟頫书画诗文技艺的发展增添了许多更为优越的条件。他利用公务之暇,广交文人学士、书画家和文物收藏家,遍游江浙佳山秀水,心摹手追,创作进入旺盛时期。他在江南文化人中的声望也随着"儒学提举"之职而更为隆盛,许多人依附其门下,求教问艺,赵孟頫俨然成为江南文人首领。尽管元廷没有重用他,多年不见升迁,但赵孟頫乐此不疲,为三教人士作画书碑,兴儒学,跋古画,访文物,诗酒雅集,兴味盎然。四方文士来浙者,亦以能登门造访、结识赵孟頫为荣。

1316年,元仁宗将赵孟頫晋升为翰林学士承旨、荣禄大夫,官居从一品,"推恩三代";管夫人也被加封为"魏国夫人"。赵孟頫虽官居一品,但仍须经常奉敕亲自撰写大量的志、表、经卷、墓志、碑文、颂词等,还要忙于日常书画应酬,忙忙碌碌,几无闲暇。他对自己的双重处境颇有感慨,扪心自问,不禁悲从中来,曾写下《自警》诗曰:"齿豁童头六十三,一生事事总堪惭。唯馀笔砚情犹在,留与人间作笑谈。"

赵孟頫认为,自己因出身亡宋宗室,政治上受元廷摆布,成为"花瓶",做了一些没有选择余地的违心事,或许也不为同代人所理解,心情矛盾而惭

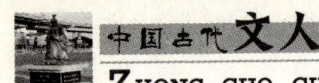

愧；但是在艺术上，他通过自己辛勤努力，诗文书画作品却可流传后代，颇堪自慰。管道升也认为丈夫这种忙忙碌碌、受人使役的处境没有意思，曾填《渔父词》数首，劝其归去。其一曰："人生贵极是王侯，浮名浮利不自由。争得似，一扁舟，吟风弄月归去休！"

1318年，管夫人脚气病复发，经赵孟頫多次请求，次年四月，元仁宗方得准其送夫人南归。五月中旬，途经山东临清，管夫人病逝舟中。赵孟頫悲痛万分，相濡以沫的管夫人撒手西去，给了赵孟頫很大的打击，他对官场的虚名，也因此彻底看破。英宗至治二年（1322年）六月，他逝于吴兴。临死还观书作字，谈笑如常，享年69岁。

知识链接

赵孟頫的绘画成就

作为一位变革转型时期承前启后的大家，赵孟頫有以下几方面突出的成就为前人所不及：

一是他提出"作画贵有古意"的口号，扭转了北宋以来古风渐湮的画坛颓势，使绘画从工艳琐细之风转向质朴自然。

二是他提出以"云山为师"的口号，强调了画家的写实基本功与实践技巧，克服"墨戏"的陋习。

三是他提出"书画本来同"的口号，以书法入画，使绘画的文人气质更为浓烈，韵味变化增强。

四是他提出"不假丹青笔，何以写远愁"的口号，以画寄意，使绘画的内在功能得到深化，涵盖更为广泛。

五是他在人物、山水、花鸟、马兽诸画科皆有成就，画艺全面，并有创新。

六是他的绘画兼有诗、书、印之美，相得益彰。

七是他在南北统一、蒙古族入主中原的政治形势下，吸收南北绘画之长，复兴中原传统画艺，维持并延续了其发展。

第五章 元明清时期的文人

> 八是他能团结包括高克恭、康里子山等在内的少数民族美术家,共同繁荣中华文化。
>
> 综观赵孟頫的画迹,并结合其相关论述,可以知道,赵氏通过批评"近世"、倡导"古意",确立了元代绘画艺术思维的审美标准。这个标准不仅体现在绘画上,而且也广泛地渗透于诗文、书法、篆刻等领域中。

倜傥不羁的关汉卿

关汉卿,号已斋叟,金末元初大都人,是我国文学史上最早的伟大戏剧家。与马致远、白朴、郑光祖合称"元曲四大家",并位居其首。他一生"不屑仕进",生活在底层人民中间,多才多艺、能写会演、风流倜傥、豪爽侠义,是当时杂剧界的领袖人物。

关汉卿著有杂剧60部,现仅存18部,其中曲白俱全者15部。所作大曲10余套,小令50余首。他的戏曲作品题材广泛,大多揭露了封建统治的黑暗腐败,表现了古代人民特别是青年妇女的苦难遭遇和反抗斗争,人物性格鲜明,结构完整,情节生动,语言本色而精炼,对元杂剧和后来戏曲的发展产生了很大影响。

其作品主要有《窦娥冤》、《救风尘》、《望江亭》、《单刀会》等。

关汉卿的前半生,是在血与火交织的动荡不安的年代中度过的。作为封建时代的知识分子,关汉卿熟读儒家经典,深受儒家思想影响。所以,在他的作品中,常把《周易》《尚书》等典籍的句子信手拈来,运用自如。不过,他又生活在仕进之路长期堵塞的元代,科举废止、士子地位的下降,使他和这一代的许多知识分子一样,处于一种进则无门、退则不甘的难堪境地。和一些消沉颓唐的儒生相比,关汉卿在困境中较能够调适自己的心态。他生性开朗通达,放下士子的清高,转而以开阔的胸襟,"偶娼优而不辞"。他的散曲《南吕·一枝花》套数,自称"我是个蒸不烂、煮不熟、捶不扁、炒不爆响当当一粒铜豌豆",宣称"则除是阎王亲自唤,神鬼自来勾,三魂归地府,七魄丧冥幽;天哪,那其间才不向烟花路儿上走。"这既是对封建价值观念的

关汉卿

挑战,也是狂傲倔强、幽默睿智性格的自白。由于关汉卿面向下层、流连市井,受到了生生不息杂然并陈的民间文化的滋养,因而写杂剧、撰散曲,能够左右逢源、得心应手地运用民间俗众的白话,三教九流的行话。而作品中那些弱小人物的悲欢离合,也在流露着下层社会的生活气息与思想情态。

元朝,是儒家思想依然笼罩朝野而下层民众日益觉醒,反抗意识日益昂扬的年代。在文坛,雅文学虽然逐渐失去往日的辉煌,但它毕竟浸入肌肤,余风尚炽,而俗文学则风起云涌,走向繁盛。这两股浪潮碰撞交融,缔造出奇妙的文化景观。关汉卿生活在这种特定的历史阶段,他的戏剧创作及其艺术风貌便呈现出鲜明而驳杂的物色。一方面,他对民生疾苦十分关切,对大众文化十分热爱;另一方面,在建立社会秩序的问题上他认同儒家的仁政学说,甚至还流露出对仕进生活的向往。他一方面血泪交织地写出感天动地的《窦娥冤》,另一方面又以憧憬的心态编写了充满富贵气息的《陈母教子》。就其全部文学创作的总体风格而言,既不全俗,又不全雅,而是俗不脱雅、雅不离俗。就创作的态度而言,他既贴近下层社会,敢于为人民大声疾呼,又是一位倜傥不羁的浪子,还往往流露出在现实中碰壁之后解脱自嘲、狂逸自雄的心态。总之,这多层面的矛盾,是社会文化思潮来回激荡的产物。唯其如此,关汉卿才成为文学史上一位说不尽的人物。

民间传说,元代的关汉卿因为编演《窦娥冤》,得罪了统治者,官府要捉拿他治罪。关汉卿得知消息后,连夜逃走。途中,他遇到几位捕快。

班头问:"你是干什么的?"

关汉卿顺口答道:"三五步走遍天下,六七人统领千军。"班头明白了:"原来你是唱戏的。"关汉卿又吟道:"或为君子小人,或为才子佳人,登台便见;有时欢天喜地,有时惊天动地,转眼皆空。"班头见他如此伶俐,出口成

第五章 元明清时期的文人

章，便问道："你是关……"关汉卿笑道："看我非我，我看我，我亦非我；装谁像谁，谁装谁，谁就像谁。"班头本来爱看戏，特别爱看关汉卿编演的戏。知道眼前这人便是关汉卿。捉他吧，于心不忍，不捉吧，500两赏银便没了。关汉卿看透了他的心理，便顺口吟道："抬头莫逞强，纵得到厚禄高官，得意无非俄顷事；眼下何足算，到头来抛盔卸甲，下场还是普通人。"

可能是这首诗打动了班头，他便对另几名捕快说："放他走吧，这是个疯子。"

关汉卿就这样脱了险。

终身不仕的白朴

白朴（1226—1307年），原名恒，字仁甫，又字太素，号兰谷先生，奥州（今陕西河曲县）人。自幼聪慧、满腹才学。其父白华任金朝枢密院判官，金哀宗天兴二年（1233年），蒙古军攻南京（今开封），白华随哀宗奔归德，白朴则与母留南京。次年金将崔立叛降，南京失陷。崔立掳王公大臣妻女送往蒙古军中，白朴母亲也在其内。这时白朴尚年幼，由他父亲的好友元好问带领，渡河至山东聊城，又迁居山西忻州。元好问视他如亲子。数年后白华北归，白朴随父依元名将史天泽，客居真定。元世祖中统初，史天泽曾将他推荐给朝廷，白朴再三辞谢。后师巨源又荐他从政，也不就，历宋元两朝终身未仕。

传说白朴自幼聪颖，善于默记。他通诗赋，精度曲，经纶满腹，由于对现实生活感到失望，始终不仕朝廷。虽有人再三举荐，依然辞却。他的才华与精力大多投入在杂剧的创作上。

其杂剧代表作《梧桐雨》，全名《唐明皇秋夜梧桐雨》，取材于唐人陈鸿《长恨歌传》，题目取自白居易《长恨歌》"秋雨梧桐叶落时"诗句。本剧主要写唐明皇李隆基与杨贵妃的故事。其情节是：幽州节度使裨将安禄山失机当斩，解送京师。唐明皇反加宠爱，安遂与杨贵妃私通。因与杨国忠不睦，又出任范阳节度使。安禄山反，明皇仓皇逃出长安去蜀。至马嵬驿，大军不前，兵谏请诛杨国忠兄妹。明皇无奈，命贵妃于佛堂中自缢。后李隆基返长安，在西宫悬贵妃像，朝夕相对。一夕，梦中相见，为梧桐雨声惊醒，追思往事，倍添惆怅。全剧以李、杨爱情为主线，反映了安史之乱这一重大历史事件及唐王朝由盛至衰的过程。全剧结构层次井然，曲词华美典雅，诗意浓厚。末折以闻雨打梧桐声作结，渲染悲剧气氛，衬托李隆基凄凉的内心世界，

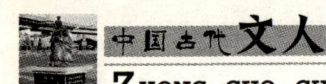

尤见成功。此剧对清人洪昇的传奇戏曲《长生殿》影响很大。

《墙头马上》全名《裴少俊墙头马上》，所写故事取材于白居易新乐府《井底引银瓶》。剧中写裴少俊奉父命由长安去洛阳选买奇花异卉，骑马过李世杰花园，和李世杰之女李千金隔墙以诗赠答。当晚私约后园，为李家乳妪撞见，二人遂私奔到长安，居裴家后花园7年之久，生一子一女。后被少俊父裴行俭发现，强令少俊休妻而留下子女。千金归洛阳，父母亡故，在家守节。少俊中进士后，与李千金正式完婚。李千金形象有别于其他杂剧中的大家闺秀，她敢于蔑视封建礼教而私奔，还敢于为自己的行为辩护，有民间市井女子的性格特征。

白朴的词流传至今100余首，大致为怀古、闲适、咏物与应酬。他的怀古词，如《沁园春·金陵凤凰台眺望》《水调歌头·初至金陵》等篇，寄托了故国之思，感慨很深："长江不管兴亡，谩流尽英雄泪万行。问乌衣旧宅，谁家作主？白头老子，今日还乡……"这是由于他经历过改朝换代的乱世，遭受了父母离散的痛苦，因此有"山川满目之叹"。白朴还有不少"闲适"词，表现了消极避世的生活态度。他与不少元代作家一样，倾慕那浪迹山林的生活，如《西江月·渔父》等词即是。他的词风颇受宋词豪放派的影响。

白朴散曲内容大抵是叹世、咏景和闺怨之作。这也是元代散曲家经常表现的题材。艺术上以清丽见长。他的"叹世""写景"之作，如《沉醉东风·渔夫》《天净沙·春、夏、秋、冬》等曲，俊爽高远，以情写景，情景交融；闺情作品以《仙吕·点绛唇》散套为其代表作，文词秀丽工整。还有一些小令吸收民间情歌特点，显得清新活泼。

雁邱问情伤乱世

元好问，是金元之际著名的文学家。他作的诗名震京师，被称为"元才子"。

金宣宗贞祐元年，蒙古军队沿太行山南下，侵犯山西全境，元好问的家乡惨遭蹂躏。贞祐二年3月，蒙古军队又在忻县城实行大屠杀，元好问的哥哥也在这次屠杀中遇害。贞祐四年5月，在兵荒马乱之际，元好问带着母亲和一部分心爱的藏书，冒着酷暑，奔走几千里，逃难到河南。然而元好问刚到这里，蒙古大军又进攻潼关，使得他几乎没有安身之地。

眼看着家破人亡，百姓受苦，元好问对蒙古贵族的穷兵黩武十分痛恨，对百姓产生了强烈的同情。

第五章 元明清时期的文人

8月的一天，元好问在去并州的途中，见到一位猎人捕到两只雁，一只当场被击死，一只逃脱。那只逃走的孤雁在空中盘旋而飞，发出阵阵哀鸣，最后也投地而死。此情此景，不禁使诗人联想到战乱中百姓背景离乡、亲人失散、倒毙他乡的惨景。于是，他买下了这两只雁，亲自将它们埋葬，并垒石作记号，称为雁邱，同时，写了一首《摸鱼儿》词：

问世间情是何物，直教生死相许？天南地北双飞客，老翅几回寒暑。欢乐趣，离别苦，就中更有痴儿女。君应有语，渺万里层云，千山暮雪，只影向谁去？

横汾路，寂寞当年箫鼓，荒烟依旧平楚。招魂楚些何嗟及，山鬼暗啼风雨。天也妒，未信与，莺儿燕子俱黄土。千秋万古，为留待骚人，狂欢痛饮，来访雁邱处。

元好问像

据说，蒲溪杨正卿曾作过和词，词云：

恨千年雁飞汾水，秋风依旧兰渚。周罗惊破双栖梦，孤影乱翻波素。还碎羽。算古往今来，只有相思苦。朝朝暮暮。想塞北风沙。江南烟月，争忍自来去。

埋恨处。依旧并州旧路。一邱寂寞寒雨。世间多少风流事，天也有心相妒。休说与。还却怕，有情多被无情误。一杯会举。待细续悲歌，满倾清泪。为尔酹黄土。

另外，栾城李仁卿也和词，云：

雁双双正分汾水，回头生死殊路。天长地久相思债，何事眼前俱去。催劲羽。倘万一幽冥，却有重逢处。诗翁感遇。把江北江南，风嘹月唳，并付一邱土。

仍为汝。小草幽兰丽句。声声字字酸楚。拍江秋影今何在，宰木欲迷芳树。霜魂苦。算犹胜、王嫱青冢真娘墓。凭谁说与。对鸟道长空，龙艘古渡，马耳泪如雨。

他们的词，虽都是写雁，"满倾清泪"，说不尽相思苦。而实际上，却都是以雁喻人，抒发了战乱中的万千感慨之情。元好问的慷慨悲歌，杨、李二位的应和之词，都揭露了贵族统治阶级的穷兵黩武给百姓带来的深重灾难。借物喻人，感情真切，故而被后世广为传扬，经久不衰。

耶律楚材：铁骑上的读书人

耶律楚材（1190—1244年），字晋卿，契丹皇族子孙。他的九世祖为辽国的建立者、一代雄主耶律阿保机。耶律楚材从小就很有名气，17岁就考中了举人。他博览群书，历法、医学，无不精通，特别是儒家思想对他的影响更是浸入血脉。作为叱咤风云的契丹皇族之后，耶律楚材内心充满了自豪感，曾写诗称"赫赫东丹王，让位如伯夷。藏书万卷堂，丹青成画癖。四世皆太师，名德超今昔"。

1214年，蒙古军大举伐金，金国的国君金宣宗却早已仓皇逃出中都（今北京），向南迁都。年轻的耶律楚材刚刚经历了蒙古围困金中都"绝粒六十日，守职如恒"的艰辛，目睹金国君臣不战而逃的腐败无能。深深的失望中，他遁入佛门禅修冥思3年，之后不久，就接到了成吉思汗的召唤，1218年7月，耶律楚材到达怯绿连河（今克鲁伦河）畔的成吉思汗大帐，此时正值仲夏。目之所及是一望无际的碧草蓝天、气势磅礴的山河、雄伟庞大的车帐军营、骁勇善战的游牧铁骑……他用这样的词句形容："山川相缪，郁乎苍苍，车帐如云，将士如雨，马牛被野，兵甲赫天，烟火相望，连营万里，千古之盛，未尝有也。"

从1218年成吉思汗召见耶律楚材，到1227年成吉思汗去世，耶律楚材追随成吉思汗整整10年。有人说，这10年是耶律楚材生命力最旺盛的10年，也是他最清闲的10年；是他怀有许多希望的10年，也是他思想最为苦闷的10年；是他在轰轰烈烈的成吉思汗西征军中生活最有色彩的10年，也是他内心最孤寂落寞的10年。原因在于，耶律楚材并没有像他最初想象的那样被成吉思汗重用，而只是被成吉思汗当作判断吉凶的巫师和汉文秘书。

1227年秋，成吉思汗的去世给了耶律楚材很大的打击，但同时也给他带来了新的转机。

成吉思汗的第三子窝阔台被指定为继承人，由于他远在新疆，于是由成吉思汗的四子拖雷监国，代行汗职，直到1229年窝阔台回来。

拖雷监国的两年里，曾两次派耶律楚材去北京搜索经籍，还与耶律楚材议定窝阔台即位

耶律楚材读书堂

第五章 元明清时期的文人

的吉日、礼仪制度等,对耶律楚材相当倚重。

窝阔台登基后耶律楚材开始全面参与国家治理,施展他的治国才干。

当时的蒙古贵胄认为汉人汉地没什么用,不如把汉人赶尽杀绝,将汉地改成牧场。耶律楚材则认为"天下虽马上得之,不可以马上治",应该用汉人之法集四海之富。于是他主持设立了十路征收课税所,一年之后,收上来的税赋使得窝阔台大喜过望:"你一直陪在我身边,是用什么方法收来税赋充实国库的呢?南朝那边,也有像你那么能干的臣子吗?"耶律楚材半开玩笑说:"那边比我能干的人多了,我因为不够能干才留下为您效劳。"这些成效对窝阔台产生很大影响,他下旨任命耶律楚材为宰相,默许了耶律楚材以汉法治汉地的方针。

其后,耶律楚材又主持科举,聚集 4300 多名儒生参加考试,恢复尊孔,保护人才和中原文化,准备实现建构以汉法为主体,以"大一统"为主旨的封建王朝。

但耶律楚材没来得及培育这些人才。由于他的做法触犯了其他蒙古贵族的利益,他成为众矢之的。

1241 年冬,窝阔台去世,乃马真皇后专政,她亲信一个叫奥都剌合蛮的西域人。耶律楚材逐渐失去了权势。

耶律楚材只比窝阔台多活了两年半。在这两年半里,他活得非常艰难,因为偌大一个国家,有多个民族,言语不通,文化不同,他以一介书生孤立在尚武的游牧民族庙堂之上,想运用自己所学,是件多么难的事啊。他是因为自己多年建立起来的法度将毁于一旦而愤郁至死的。据史书记载,耶律楚材死的时候,蒙古人哭得如同失去了自己的亲戚一般,天下士大夫也莫不哭泣。

他所创立的规章奠定了有元一代的制度,但直到忽必烈时期才得以真正实现。耶律楚材去世 90 年后,被追封为广宁王,赠太师,谥文正。"文正"是古代文官最高级别的谥号,最近一个得此谥号的是清朝的中兴名臣曾国藩。

作为一个文人,耶律楚材留下了众多优美的诗歌,他的《湛然居士集》中收录了 600 余首诗。尤其是随军出征时写的景色诗,风骨雄健豪放,情调苍凉。耶律楚材也能填词,除此之外,现存篇幅最长的契丹语诗篇《醉义歌》就是由耶律楚材译为汉文,并保存下来的。仅就文化上的贡献而言,耶律楚材已是一个足以彪炳史册的巨人。

作为一个"楚材晋用"的异国臣子,耶律楚材辅佐过成吉思汗、拖雷、窝阔台、乃马真皇后,任丞相多年,影响巨大。他死后葬于瓮山(今北京颐和园万寿山)脚下。世事巨变,如今熙熙攘攘的颐和园中,有谁还会去凭吊这位蒙古国的一代名相呢?

苦闷中发现豪放心声——马致远

马致远（1250—1321年），大都（今北京）人，元代著名的杂剧家。晚号"东篱"。他创作的杂剧有16种，现存世的有《江州司马青衫泪》、《破幽梦孤雁汉宫》、《吕洞宾三醉岳阳楼》等7种。其散曲作品也极负盛名，小令《天净沙》成为留传千古、脍炙人口的佳篇。

马致远为"元曲四大家"之一。传说他在对历史不平的愤慨中，将抑郁和苦闷诉于笔端，从而发出豪放的心声。他和元初其他一些有才华的作家一样，把自己的艺术才智献给了杂剧创作事业，成为"梨园"中一个知名的人物。马致远创作活动的前期处于元世祖时期。他在这一时期的代表作品是《汉宫秋》。它是以王昭君的故事为题材改编而成。公元前33年，汉元帝的宫妃昭君出塞并嫁入匈奴，并与呼韩邪生有一子。呼韩邪死后，根据匈奴习俗，王昭君又嫁给了新立的单于，又生二女。马致远在《汉宫秋》里突出了昭君出塞是在匈奴武力胁迫下进行的构想，把王昭君与汉元帝之间的关系写成了爱情关系。在故事的结局处理上，他写王昭君未入匈奴境内而投江自杀，从而表现出昭君对祖国和故土的情感和眷恋。戏中把王昭君出塞的目的描述成为了汉室江山而和蕃，并借王昭君之口表现出她勇于承担大任的无私品质，赋予了王昭君以新的形象，歌颂了那种在民族矛盾中保持崇高气节的精神。

《荐福碑》是马致远前期创作的另一部重要作品。剧本通过主人公的不幸遭遇，抨击了当时的社会现实中贤愚不分、是非颠倒的丑恶现象，间接地表达了作者怀才不遇的思想感情。他在剧本中借主人公之口，讽刺和诅咒了当时的社会："这壁拦住贤路，那壁又挡住仕途。如今这越聪明越受聪明苦，越痴呆越享了痴呆福，越糊涂越有了糊涂富。"

马致远在他的一些文学作品里也体现了这一思想。套曲《般涉调·哨遍》中说："半世逢场作戏，险些误了终焉计。白发劝东篱，西村最好幽栖。"

马致远于元成宗（1295—1307年在位）即位前后回到了大都，与艺人花李郎、红字李二及李时中合撰《黄粱梦》，标志着他的创作进入了后期。这一时期他所写的剧本几乎都是演述全真教的度脱故事。

这一时期马致远的散曲大都直接表露了他对历史上的是非和现实社会的态度。如散曲《秋思》中说："百岁光阴一梦蝶，重回首往事堪嗟"；"想秦宫汉阙，都做了衰草牛羊野——纵荒坟横断碑，不辨龙蛇"；"投至孤踪与兔穴，多少豪杰！鼎足虽坚半腰里折，魏耶？晋耶？"表面上，这套散曲包含着

第五章 元明清时期的文人

虚无思想。但是，这正说明了马致远对历史不平的愤慨。

马致远的作品中也反映了封建社会时期文人的郁闷心情。这种思想和元代绘画中某些作品的意境是相同的。在小令《秋思》中，马致远描写了一个天涯过客的秋思，意境萧瑟悲凉："枯藤老树昏鸦，小桥流水人家，古道西风瘦马，夕阳西下，断肠人在天涯。"

总地来说，马致远在作品中更侧重现实的批判，如《汉宫秋》中斥责统治集团里的文武百官是"忘思咬主贼禽兽"；《汉宫梁梦》抨击了当时的险恶的世风："如今人宜假不宜真，则敬衣衫不敬人"。

马致远的思想在当时具有一定的代表性，对后世也有深远的影响。他对于现实社会感到愤慨甚至苦闷和绝望，但他的愤慨之情却在悲凉的思绪中激扬回荡，具有一股豪放的气势。

马致远的艺术才能得到了后人很高的评价，元代后期的周德清尊马致远为四家之一，明代的朱权更将马致远列于元曲家之首。总的来说，马致远擅长悲剧性的抒情，情调凄凉、悲愤、曲词老健、宏丽，是一位独具艺术特色的杂剧作家。

 知识链接

不善逢迎的郑光祖

郑光祖，字德辉，平阳襄陵（今山西襄汾县）人，是元代著名的杂剧家和散曲家，与关汉卿、马致远、白朴齐名，号称"元代四大杂剧家"之一。

传说郑光祖早年以习儒为业，后来补授杭州路为吏，因而南居。他为人方直，不善与达官贵人相交往，因此官场上不少人都歧视和瞧不起他。可以想见，其官场生活是很艰难的。他把身怀感触大多寄托在了杂剧的创作上。

据文学戏剧界的学者考证，郑光祖一生写过18种杂剧剧本，全部保留至今的，有《迷青琐倩女离魂》《㑇梅香骗翰林风月》《醉思乡王粲登楼》《辅成王周公摄政》《虎牢关三战吕布》等。

以描写青年男女爱情故事为主题的剧本中，《迷青琐倩女离魂》是他的代表作。剧本以唐朝陈玄佑的《离魂记》小说为素材，其大致情节是：秀

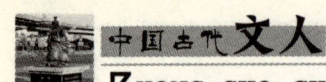

才王文举与倩女指腹为婚，王文举不幸父母早亡，倩女之母遂有悔约的打算，借口只有王文举得了进士之后才能成婚，想赖掉这门婚事。不料倩女却十分忠诚于爱情，就在王文举赴京应试，与倩女柳亭相别之后，由于思念王文举，倩女的魂魄便离了原身，追随王文举一起奔赴京城。而王文举却不知道倩女的魂魄与他在一起，还以为倩女本人同他一起赴京。因此，当状元及第三年后，他准备从京城启程赴官，顺便打道去探望岳母，便先修书一封告知倩女的父母。王文举偕同倩女魂魄来到了倩女身边，魂魄与身体又合一，一对恩爱夫妻得到团圆。

全剧集中刻画了倩女追求婚姻自主，忠贞于爱情的形象和性格。在婚姻上，表现了她对封建礼教的反抗和鄙视。

郑光祖在《倩女离魂》一剧中，成功地塑造了一个对爱情忠贞不渝，感情真挚热烈的少女形象，因而使这一剧堪与《西厢记》相媲美。也正因此，使郑光祖"名誉天下，声振闺阁"。郑光祖的历史剧，似乎不及他的爱情剧引人入胜，但是，他在描写人物内心活动方面，还是独具一格。

《王粲登楼》虽然在剧情、结构方面无甚可取，但词曲工丽，对人物心境的描写却颇具匠心。明人何良俊认为，郑光祖的元曲当在关汉卿、马致远、白朴之上，他说："王粲登楼第二折，摹写羁怀壮志，语多慷慨，而气亦爽烈，至后《尧民歌》《十二月》，托物寓意，尤为妙绝。岂作脂弄粉语者，可得窥其堂庑哉。"刘大杰也说，这些曲词"表现的是思乡之情和怀才不遇的愤慨，情感的真挚，意象的高远，语言的俊朗，能与人物当时的心境相映衬。"

郑光祖一生从事于杂剧的创作，把他的全部才华贡献于这一民间艺术，在当时的艺术界享有很高的声誉。伶人都尊称他为郑老先生，他的作品通过众多伶人的传播，在民间产生了广泛的影响。

第五章 元明清时期的文人

第二节 明朝文人

陶宗仪积叶成书

陶宗仪，字九成，号南村，浙江黄岩人。他是我国元末明初著名的学者，曾著有《南村辍耕录》三十卷。据说，陶宗仪编纂《南村辍耕录》还有一段佳话呢。

陶宗仪从小酷爱读书，到了十六七岁时，家中的藏书已经读得差不多了。但这时的陶宗仪，读书多在死记硬背上下工夫，只要有人提起某书某章，陶宗仪不仅可以告诉那人此书的作者，还能够顺畅地将人家指定的章节一字不差地背诵下来，可惜说到文章主旨、用典等细节性问题，陶宗仪竟然是摇头三不知。

陶宗仪突然意识到，其实自己的功底相当不扎实，单纯靠死记硬背得来的知识，就如同地表的水，虽然也可以暂时缓解地面的干涸，但很快就会被太阳蒸发掉。只有戒除浮躁，坐得了冷板凳，才能使学问大进。从此，陶宗仪躲进书屋，潜心钻研，读尽手头可以找到的各种古籍，遂成为当地远近闻名的青年学者。登门求教、请赐诗文的人挤破门槛。但陶宗仪并没有被一时的成功冲昏头脑，他认为学无止境，一个真正有学问有修养的人是应该而且必须耐得住寂寞的。

很快，陶宗仪便把家从繁华的都市迁到江苏松江（今属上海）一个叫南村的偏僻小村庄。他一面教书，一面利用课余时间，亲身从事耕种。每次扛着锄头下地，陶宗仪都不忘把笔墨带在身边。陶宗仪从未干过体力活，虽然又倦又累，可感觉酣畅淋漓，这是一种全新的感受。陶宗仪感到，自己终于捕捉到了生活的真实。于是，他迅速拿起纸笔将它记录了下来。

由此，陶宗仪得到启发，他可以充分利用休息时间，把那些耳闻目睹的

奇闻轶事、风土人情和自己阅读前人著作的心得，以及近年来对社会现象的思考随时记录下来，写在哪儿呢？陶宗仪环顾四周，这儿到处绿树成荫，树叶是随手可摘，方便、轻巧，既便于书写，又利于贮存。陶宗仪把心得体会写在树叶上，等叶子上的墨迹干了，再把它小心翼翼地放在平日用来盛水的瓦瓮里。每天收工回家，陶宗仪要做的第一件工作，便是整理一天来存放在瓦瓮中的树叶。这样的生活，陶宗仪坚持了整整十年。

陶宗仪十年中积存亲笔记录的树叶，有十几缸。后来，陶宗仪把这些树叶全部倒出来，对上面所记录的内容加以分类整理、编辑、修订，终于编成了一部涉及天文、地理、社会等多个领域的鸿篇巨制。为了纪念自己的这段治学经历，陶宗仪为这本书取名《南村辍耕录》。

蒲松龄酒席巧对对联

在蒲松龄的故乡，淄川新来了一位县官，姓乌。他年轻为官，十分骄矜，听说当地名士蒲松龄学问过人，很不服气。

有一次，他邀请一批乡绅叙饮，并邀蒲松龄同去。这时蒲松龄已经年老，本不想去，后听说此人颇有才名，心想去见一见也好，他如好来，我也好去，他如有意刁难，我也有办法对付，于是前去赴宴。

席上，乌县令乘着酒兴，出了一个上联要蒲松龄对：二人土上坐。

蒲松龄塑像

蒲松龄知道这联难对，因"坐"字拆开是两个"人"字和一个"土"字，不过难不倒他。当即对了下联道：一月日边明。

接着乌县令又出上联：八刀分米粉。这联更难了，"八刀"相拼为分，"分"和"米"再相合是"粉"，下联也势必要相拼相合。众人都望着蒲松龄，看他怎么对法。然而，蒲松龄只略一思索，不紧不慢地答道：千里重金锤。

乌县令听了，也暗暗佩服蒲松龄对得好，但见没难倒他，还不罢休。他说："这次我再出一联，对不出要罚酒三杯。"蒲松龄笑道："如果对出又怎么样呢？"

第五章 元明清时期的文人

乌县令说："罚我三杯酒。"于是又出上联：笑指深林，一犬眠竹下。

蒲松龄应声对道：闲看幽户，孤木立门中。

乌县令无奈，只得罚酒三杯。本来事情这样结束，也恰到好处。可偏偏乌县令负气不认输，定要压倒蒲松龄。正好此时，门外一个麻子佣人踏雪送酒进来，因他脚穿钉鞋，雪上留下一个个圆点，好像麻点。乌县令便不顾身份，即景出一上联：钉鞋踏雪变麻子。

蒲松龄听了，很替那个佣人抱不平，心想：你出对难我无妨，去侮辱佣人，实不应该。既然这样，我也要替这佣人出出气了。他抬头看见乌县令年纪轻轻，身穿大狐裘，洋洋得意地自斟自饮，就随口对道：皮袄披身装畜生。

蒲松龄下联一出口，满座一阵哄笑，乌县令下不了台，于是恼羞成怒。这时，正巧一只老鼠穿堂而过。乌县令急中生智，忙走到蒲松龄跟前说："蒲老先生，我再出一联给老先生对对。"随后念道：鼠无大小皆称老。

蒲松龄一听就知道他不怀好意，心想，你身为县令，既然不知自爱，那我就不能给你留面子。于是他一拱手赔笑道："乌县令，我斗胆对下联了。"这时众乡绅见他们刀来枪去，实在坐不住了，但又不好意思走掉。只见蒲松龄对道：龟有雄雌总姓乌。

至此，乌县令满脸羞惭，无言以答，只好假装酒醉，拂袖退席。

知识链接

庄有恭从容妙对

传说庄有恭十一二岁时，一次与伙伴们放风筝，一不小心，扯断了风筝线，那风筝便飘飘荡荡地掉进了隔壁镇粤将军官署的内宅。其他儿童都傻了眼，呆呆地站在官署门外，连呼"可惜"，懊恼不已，却又束手无策，唯独庄有恭说："既然掉在将军署中，取出来就是了，有什么好懊恼的？"小伙伴们七嘴八舌地说："将军的官署，平民百姓怎么进得去？""即使混进去了，不被当成小偷，打个半死才怪呢。"庄有恭自告奋勇地说："好，那你们在这儿等着，看我进去取风筝。"说着，装出一副漫不经心的样子，慢慢地凑近官署大门玩耍。守门人见是个小孩也没有在意。庄有恭突然跌入

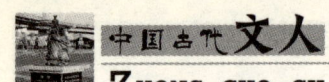

门内,直向内宅奔去。待守门人发觉时,庄有恭已在数十步之外了,急得守门人连呼:"站住!"然后在后面使劲追赶。

镇粤将军正在客厅里与客人下象棋,听到呼声,连忙起身而出,拦住庄有恭,将他带进客厅询问。庄有恭不慌不忙地说明了来意。镇粤将军见他眉清目秀,一副伶俐相,心中已有几分喜爱,问了他一些家中情况。庄有恭对答如流,镇粤将军更加高兴,又问:"你读过书没有?"庄有恭答道:"正在读。"将军问:"那么,你会不会对对子?"庄有恭满不在乎地说:"对对子是小事一桩,有什么不会?"将军一听,暗想这小子好大的口气,于是又问:"你能对几个字的对子?"庄有恭道:"一个字的能对,一百个字的也能对。"将军哪里肯信,不满地说:"好,那我就出副对联让你对对,若对不出来,我可不饶你。"他抬头正看见客厅上悬挂着一幅《龙虎斗》彩图,便随口吟道:

旧画一堂,龙不吟,虎不啸,花不闻香鸟不叫,见此小子可笑可笑。

将军的意思十分明白:你看堂上龙虎尚且不吟不啸,你这个无知小子,不知天高地厚,竟敢口出狂言,若对不出下联来,我可要好好教训你了。哪知庄有恭略一思索,指着将军与客人下的象棋残局,答道:"就凭着这个棋局,便能对出将军的下联了。"然后朗声吟道:

残棋半局,车无轮,马无鞍,炮无烟火卒无粮,喝声将军提防提防!

庄有恭的意思也很明白:你将军的棋艺并不高超。输掉一局棋倒也罢了,若真的统兵打仗,碰上这车马炮卒均难运用的窘境,看你如何对付!

将军与客人听了,都大为叹赏。将军亲自捡起风筝,递给庄有恭,一直送他到大门外,拍着他的肩膀说:"好孩子,果然聪明过人。好好用功读书吧,日后前途无量啊!"

要留清白在人间——于谦

于谦,浙江杭州人。他一生廉洁奉公,刚直不阿,事事以国事为重,是明代著名的民族英雄。同时,他也是一位小有成就的诗人,在他的诗中,比

第五章 元明清时期的文人

较生动形象地反映了他的气节和高尚的品质,关于他作诗作对子,流传着不少的小故事。

于谦10岁时的新春佳节,他被父亲派到江干亲戚家拜年。他身穿一件圆领大红袍,骑着一匹白色骏马,高高兴兴地从凝海巷直向新宫桥大街奔去。一路上他四处打量,看家家张灯结彩,庆贺新春,好不快活。

不料,正逢新任浙江的张巡抚到新宫桥游春,他乘坐着八人大轿,前呼后拥地过新宫桥而来。于谦正左顾右盼,哪注意太多,当他一马从小巷里冲出时,因为躲避不及,径直冲入巡抚的旌旗仪仗队中,直到轿前才将马收住。顿时仪仗队大乱,衙役们闪避一旁,轿夫们也慌忙把轿子放下。张巡抚见游春队伍大乱,轿子也停了下来,连忙掀开轿帘察看。只见一个小孩子正端坐在马上,左右衙役们正凶狠狠地揪住他的马,要将他治罪。张巡抚连忙制止手下,自己亲自下轿走到小孩马前,问道:"小小孩童,你怎敢冲撞我的节导?"

于谦小小年纪,端坐马上,神色自若,毫不惊慌畏惧,随口回答巡抚:"大人,良骥奔于千里,正展望前程,一时难收啊!"

张巡抚见小小孩童,语出不凡,心中已有几分赞许,于是又问:"听你说话,看你容貌,好像是个读书的人。"

于谦很谦逊地答:"读是读过,不过才读得几行!"

张巡抚想看看他的才学,故意为难道:"读过书的人不知礼仪,故意来闯本大人的道,实在该罚;不过念你年幼,我出一对子给你,你若对得好,重重有赏;若是对不出,本大人就要惩罚你。"

于谦双手一拱,朗声回答:"请大人出题。"

张巡抚见于谦身着红色衣袍,便出了上联:红衣儿骑马过桥。

于谦毫不思索,马上对出下联:赤帝子斩蛇当道。张巡抚一听大喜,对他才思敏捷、对答如流十分满意,便邀请于谦到新宫桥凤凰台上去玩。他拉着于谦的小手说:今朝同登凤凰台。

于谦昂首应声道:他年独占麒麟阁。

于谦像

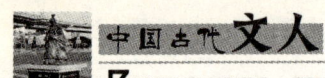

张巡抚呵呵大笑："好！好！人小志高，将来一定会有出息。"于是问左右："这是谁家之子？"下人们答："这就是太平理于主事的孙子于谦，是杭州有名的神童啊！"

张巡抚听说后更加喜爱于谦，他叫仆人们取出十两银子作为他读书之资，同时推荐于谦到浙江提学道那里应试，录取入学。于是，于谦成了杭州有名的"童子秀才"。

于谦在求学时期，曾写了一首七言诗，表明他为人的态度和高远的志向：

千锤万凿出深山，烈火焚烧若等闲。

粉骨碎身全不怕，要留清白在人间。

他后来做了官，也一直恪守他的诺言，决不改变。他在山西、河南做巡抚时，朝廷里由宦官王振专权，每逢朝会，各地官吏们为了讨好王振，纷纷向他进献金银财宝。可是于谦却不理会这一套趋炎附势的做法，每次进京，他都是"空囊以入"，一点礼品也不带。有的同僚对他说："你不攀权附贵的作风令我佩服，不过，你多少得带点河南的土特产，例如蘑菇、手帕之类，送点人情吧！"于谦笑了笑，举起自己的两袖说："我唯有清风而已。"为此，他又写了一首诗，来表明他要保持清白的决心：

手帕蘑菇与线香，不资民用反为殃。

清风两袖朝天去，免得闾阎话短长。

如今，我们读于谦的诗，的确可以从他那种"要留清白在人间"的精神中得到不少启迪和教益。

知识链接

铮铮侠骨李香君

李香君是秦淮八艳之一。她为人豪爽，有侠骨义胆，自小聪颖过人，13岁时跟随苏州人周如松学唱歌曲，一年后便能传神地演绎汤显祖所作的传奇《牡丹亭》《紫钗记》《南柯记》《邯郸记》。除了演唱，李香君还精通各种乐器，尤其善于弹琵琶。宴会上，李香君的自弹自唱往往是压轴戏，常常博得满堂彩。

第五章 元明清时期的文人

后来，少年即负有才名的侯方域来到南京，参加复社，广泛结交东南名士，诸如方以智、冒襄、陈贞慧等，他们经常在一起聚会，讨论学问，谈论时事，当时的人习惯地把他们称为"四公子"。一个春日的傍晚，"四公子"相约秦淮泛舟。这次宴游，侯方域结识了李香君。交往一段时间之后，侯方域发现李香君不仅美貌聪慧，而且品行高洁。她虽然结交社会各色人等，但明识大义，重视气节，不为财利所动，不惧权势所迫，像洁白的莲花出污泥而不染。因此，两人很快成为知心好友。

奸臣阮大铖很早就想通过结识侯方域，进而达到罗致东南名士的目的。终于，在朋友的介绍下，阮大铖在一家酒楼宴请了侯方域。李香君知道此事后，极力阻止侯方域与阮大铖来往。后来，侯方域因事被迫离开南京，某贵公子花费重金邀请李香君前去，李香君坚辞不允，说："小妾不敢有负于侯公子。"

南明弘光皇帝朝中，马士英、阮大铖当政。因为记恨侯方域当初不与自己来往，阮大铖罗织各种罪名想杀掉他，幸得李香君相助，侯方域才安全逃脱，致使阮大铖的阴谋没能得逞。

后来，孔尚任有感于李香君的豪侠之气，以及她与侯方域缠绵的爱情，遂创作了《桃花扇》。

解缙与《凉州词》

有一天，永乐皇帝向解缙展示一柄折扇说："此扇是外国进贡来的珍品，可惜上面只有画而无题字，实为美中不足。所以今天召你进宫，是想补写诗词于扇上。"解缙听完后，即请皇帝命题，皇帝说："扇上的画就是题。不管你抄录别人的也好，你自己作的也好，只要符合画意，就可以。"解缙接过折扇一看，原来这幅画是按唐人《凉州词》的诗意画的。这首诗是：

　　黄河远上白云间，一片孤城万仞山。
　　羌笛何须怨杨柳，春风不度玉门关。

解缙当场就在扇上写下这首诗，呈给了皇帝。

皇帝见诗，心中大喜，当着满朝文武官员夸赞解缙笔走龙蛇，诗切画意。

王侯大臣，也都争相欣赏解缙的书法。

谁知解缙在写诗的时候由于一时疏忽，竟把诗中的"间"字漏写了。当时他自己没发觉，皇帝也没发觉，王侯大臣中有发觉的，也闷在心里不说，暗为解缙担忧。因为古时给皇帝办事，不允许有丝毫差错，否则就是对皇帝不忠，可囚可杀。解缙掉字这事，当然非同小可：有意写掉是"欺君"、"戏君"；大意写掉是"轻君"、"慢君"。不管怎么说，罪责难逃。

偏偏冤家遇着了对头，汉王朱高煦也发现了这事。朱高煦因立太子之事，深恨解缙，总想伺机把他除掉，今遇此事，心中高兴极了。第二天早朝时，朱高煦故意当着文武百官，向皇帝奏道："解缙自恃其才、目无君主，竟敢乘写扇之机，漏字戏君欺主，如此狂乱之徒，今不杀之，后必酿成大患！"皇帝听罢高煦的话，细看折扇，诗中果然掉一"间"字，心中大怒，立即宣解缙上殿。解缙上得殿来，皇帝怒目而视，大声斥责道："胆大的解缙，朕如此器重于你，任用你为翰林学士，在朝伴随朕左右。你竟敢乘写扇之机，漏字戏君欺主！该当何罪？"解缙一听，忙跪地言道："臣为圣上办事，一向忠心耿耿，尽心竭力，戏君欺主之事，不知从何说起？"你看，皇帝将折扇扔在解缙面前说："铁证如山，岂容抵赖！"解缙双手将折扇捧起一看，大惊失色，心中暗道：

"我怎么漏写了一个'间'字呢……"

"来人呐！"皇帝话一出口，高煦就赶紧带着四名武士，钢刀出鞘，杀气腾腾地将解缙揪住。皇帝接着说："如此狂乱之徒，今不杀之，后必酿成大患。推出去斩了！"高煦等人正要将解缙推出午门斩首，文武百官惊恐万状，解缙却哈哈大笑起来。皇帝一挥袍袖，将武士挡住问道："解缙，你笑什么？"

解缙说："我当为了何事，原来是……"他向高煦望了一眼，接着说道："原来是有人向万岁进了谗言，闹出一场误会。""什么误会？"皇帝说，"明明是你漏写一个字，怎能说是他人乱进谗言？"解缙道："圣上请息怒，听为臣慢慢讲来。"他从从容容地拾起地上的折扇，说："这是我现作的一首《凉州词》，与唐代诗人王之涣的《凉州词》仅一字之别。不想与我有宿怨之人，竟妄想借此蒙蔽圣上，置我解缙于死地。"说完，他展开折扇，指着扇面说："王之涣的《凉州词》实为诗而不是词，所以有个'间'字。我作的这个《凉州词》，实为词而不是诗，当然没有'间'字。"皇帝说："既然如此，你就在这大殿之上，当着文武百官读读你的《凉州词》吧。只要大家听了以后，都称赞是你的作品，孤王不但不问罪，而且还会重重有赏。其若不然，立即斩首。""谢万岁！"解缙叩头起身，双手捧扇，当众念道：

第五章 元明清时期的文人

"黄河远上，白云一片，孤城万仞山。

羌笛何须怨，杨柳春风，不度玉门关。"

解缙念得有声有色，君臣赞不绝口，高煦一言不发，只呆呆地望着解缙。

解缙凭着自己的聪明才智，逢凶化吉，领赏而去。灵活的思维是解决复杂问题的关键。可以说再大的风险也能在机智中化解，但机智来源于你的才学。

春日风雨悲亡国

陈子龙，字人中，明末松江华亭人。他是明末著名的政治家、文学家，也是少年英雄夏完淳的老师。

陈子龙在崇祯十年，被朝廷任命为绍兴推官，后又任命为兵科给事中。谁知他正准备赴任，清兵已攻破了京师。他出于拳拳报国之心，便投奔了南京福王。哪知福王腐败昏庸，他屡次进谏，均不被采纳。陈子龙便以乞养祖母为名离去，居嘉禾水月庵为僧，更名信衷，字瓢粟。祖母死后，他扶柩回到了松江。

清军攻破南京之后，他迫于爱国义愤，与夏完淳之父夏允彝等人在松江起兵，称监军，抗击清军，转战于江、浙一带。

一天，正值春暖花开时节，一片万紫千红，景色迷人。陈子龙特地邀请几位朋友，一起饮酒赏春。谁知次日天气变了，忽然间，春风春雨交加；昨天还是春光明媚，今天却变得风雨凄迷，着实令人叹息。春花无以遮掩。只得任凭风雨摧残，几番风雨之后，便"落红无数"，此情此景，怎不叫人伤感？

陈子龙触景生情，离家之苦，亡国之痛，顿时袭上心头。此时，南京已被清兵攻占，杭州也落入敌手，明潞王也率众出降。从此，国家好比这一片大好春光，横遭风雨的摧残，复国已不可能，惟有千古沉思、万世哀叹了！于是，他奋然写下了一首《点绛唇·春日风雨有感》词：

满眼韶华，东风惯是吹红去。几番烟雾，只有花难护。梦里相思，故国王孙路。

春无主，杜鹃啼处，泪染胭脂雨。他借花怀人，在词中悲痛地嗟叹亡国之哀与复国的不易。

次日清明，陈子龙感念亡国之情，又做了一首词，调为《二郎神·清明感旧》，词云：

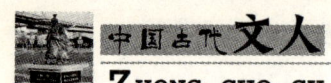

韶光有几？催遍莺歌燕舞。酝酿一番春，
秾李夭桃娇妒。东君无主。多少红颜天上落，
总添了数抔黄土。最恨是年年芳草，不管江山如许。
何处，当年此日，柳堤花墅。内家妆，塞惟生一笑，驰宝马汉家陵墓。
玉雁金鱼谁借问，定令我伤今吊古。叹绣岭官前，野老吞声，漫天风雨。

词人借词嗟叹明朝的覆没，十分沉痛。这以后，陈子龙积极从事反清活动。后来联结太湖兵起事。不幸事泄，在苏州被清兵所获，在解往南京途中，他投水自尽而亡。死时尚不足四十岁。

陈子龙的诗、词都有很高的造诣，多取法魏晋，作品多拟古人。抗清失败后，他的诗文呈慷慨激昂、雄浑苍凉的风格。他的词在缠绵宛转中寄托了爱国深情，在明末文坛上，颇享有一定的声誉。

 "风流才子"唐伯虎

经济繁荣、文化发达的江南名城苏州，自南宋以来便不断产生堪称重量级的文人。在明代文坛里，唐伯虎、祝允明、文征明、徐祯卿被人们合称为"吴中四才子"；画坛上，唐伯虎、沈周、文征明、仇英并号"明四家"。其中坐第一把交椅的唐伯虎，本名唐寅，生于明宪宗成化六年（1470年），父亲唐广德是大商人，家资雄厚。按中国古代的历法算，唐伯虎的出生时辰正巧是寅年寅月寅日寅时，因此得了"寅"这个名字。寅年在中国传统纪年中是虎年，他又是家中长子，因此又以"伯虎"为字。后来人们提到他时，干脆就不称其名而只称其字，于是满世界都称他为唐伯虎了。

唐伯虎并非从小就像后世编故事者所认定的那样"不思功名"，他与当时的所有读书人一样，也曾满腔热情地在"学而优则仕"的路上努力奔跑了好多年。出身商贾之家的他，从小喜爱文艺，天资聪颖，才华早露。15岁时，唐伯虎在秀才考试中得了第一名，轰动了整个苏州城。其文章、诗词、书法、绘画为世人所佩服，声名传播于江南。18岁时，唐伯虎娶了苏州女子徐氏为妻，婚姻幸福美满。正值少年得意时，家中却开始屡遭不幸。几年时间内，父母、妻子、妹妹相继亡故，家境也败落下来。

明孝宗弘治十一年（1498年），28岁的唐伯虎赴应天府（今江苏省南京市）参加乡试，又得了第一名，实现了他早年立下的"闭户经年，取解首（乡试第一名）如反掌耳"的宏愿。

一条坦荡的仕进之路在唐伯虎的面前铺展开来了。不料，接下来发生的

第五章 元明清时期的文人

变故,一下子把他打得晕晕乎乎。

明孝宗弘治十二年(1499年),唐伯虎奉命前往北京参加会试。途中与江苏江阴富人子弟徐经相遇,相谈甚欢,成为莫逆之交。据说那次会试的试题很偏,独唐伯虎与徐经二人文采飞扬,在一众考生中脱颖而出,眼看着要名满天下了,却有人告发说徐经考前买了试题。唐伯虎也受此牵连,被关进了皇家大牢!

据历史记载,他在牢里被百般拷打,受尽折磨。案子审了一年多,虽没有判定唐伯虎为主犯,但朝廷却认为他难逃干系,将来不能为官,只能为吏,于是把他释放出狱,贬为浙江藩司小吏(浙江地方政府中的小办事员)。唐伯虎受不了这种轻视和耻辱,毅然不去浙江就任吏职,而是放浪远游,仿效太史公马迁游历名山大川,足迹至于衡山、庐山、武夷山、洞庭湖等地,然后回到家乡苏州。

归乡之后,唐伯虎爱上了佛教,

唐伯虎《孟蜀宫妓图》

开始念经拜佛,自称"六如居士"。不过,他更爱的仍是诗词丹青。宋代词人柳永曾打着"奉圣旨填词柳三变"的招牌,到处搞文艺创作,唐伯虎则用一个石图章,刻上"江南第一风流才子"的字样,作为"名片",以饮酒、作诗、卖文、作画度日,想以此了却残生。

当时社会的政治文化环境并不允许唐伯虎这样天真烂漫地快活下去,总有政治势力会盯上他,笼络他。

志在夺取皇权自己坐天下的宁王朱宸濠看上了唐伯虎,以重金相聘,把他网罗到了自己门下。唐伯虎到了宁王府后,凭他的聪明,很快察觉此人似乎有做皇帝的"异志"。为了避祸,他只好装疯——"佯狂使酒,露其丑秽",以此引起宁王的厌恶和反感。果然,唐伯虎在宁王府一天到晚疯疯癫癫、臭气熏鼻的,宁王受不了了,只好把他放还苏州。

不久宁王谋反，被镇压下去。唐伯虎虽然回到了家乡，但仍然整天担心受牵连，内心压抑无法放松，只能纵酒度日。

唐伯虎不但自己沉湎酒色，而且还拉他的好朋友一起去狎妓饮酒，同做"风流文人"。他的好友文征明本是一个品质素有"端方"之誉的正经人，不喜欢这一套，唐伯虎却想方设法要拖他"下水"。

一次，唐伯虎约了文征明同游苏州竹堂寺，事先安排了一个美貌妓女藏在寺里等候。唐伯虎与文征明走进寺门后，这位妓女突然现身，拉住文征明，又吻又抱。文征明吓坏了，一把推开女子，一溜烟跑出寺院，唐伯虎在寺门口鼓掌大笑……

这次没有成功，唐伯虎又策划了一次：他约了其他朋友，坐船游于湖上。先把几个妓女藏在船中，然后邀请文征明同游。文征明刚来时没有察觉船中藏有女人，待到船远离岸边，酒已半酣，唐伯虎突然高声唱歌，呼唤妓女们出来敬酒。文征明十分惊诧，赶紧辞别。女子们把文征明团团围住，不让他走。文征明急得大喊大叫，几乎要跳水。这时恰巧附近有船驶来，文征明急急忙忙地跳上去，逃走了。

唐伯虎晚年在苏州，与另一个青年狂生、书画艺术家同时又是酒徒的张灵结伴纵酒。他们俩究竟一共喝了多少次酒？喝了多少斤酒？谁也不知道，当时的苏州人只知道这二人天天都在猛喝狂饮。一次，清明节刚过，唐伯虎通宵痛饮之后，头脑尚觉清醒，突然照照镜子，这才发觉自己已是两鬓花白。于是长叹几声，作了一首《山坡羊》来描写自己的衰老之状，其中感叹道："滔滔滔滔醉一宵，萧萧萧萧已二毛。"

一代风流才子终被酒、色两把板斧所伤，明世宗嘉靖二年（1523年），唐伯虎刚过53岁，就黯然辞世了。

喜欢探究历史掌故的读者常常会问：风流韵事似乎是唐伯虎生活中的重要内容，那么几百年来盛传于中国民间的"唐伯虎点秋香"的故事，究竟有没有一点历史依据？

我们知道，从魏晋南北朝开始，古人就喜欢以笔记小说这种文体记载文人士大夫的趣闻逸事。所记内容，有的确有其事，有的则是半真半假的民间传说。明人所叙述的关于唐伯虎的故事，多半属后一种。

当时有一部笔记小说集《蕉窗杂录》，记述了唐伯虎的浪漫故事。

唐伯虎被朝廷放逐回苏州以后，有一天看见一艘大船，船舱里面有一个娇媚的女郎，看着他笑，并以眉目传情。他就雇了一条小船尾随着大船。船到湖州，才知道那是一个仕宦官僚之家。于是他装成落魄书生，天天到这家

第五章　元明清时期的文人

大门口来，请求当这家两个公子的"佣书"（受雇为人抄书）。主人受了感动，把他收容下来，教两个儿子读书作文。

唐伯虎"工作"一段时间之后，这家的两个儿子文章越写越漂亮，主人一家都十分欢喜。唐伯虎想回家了，他提出要主人把府上那个对他笑过的美貌女子嫁给他。两个公子不愿意他回去，说是家中婢女任他挑选，但他不能走。唐伯虎就答应了。主人于是叫家中婢女全到厅里来排队，任他挑选。唐伯虎一眼认出了其中的一人就是在苏州对他笑的那个美人，问其名字知道叫秋香。

主人在自己家为他们举行了婚礼。新婚之夜，秋香问道："你就是我在苏州看见的那位先生吗？"唐伯虎说："就是！就是！"秋香说："你是个读书人，为什么要自轻自贱，到这里来当佣人？"唐伯虎回答："你那天看着我笑，我因此不能忘情！好女子，你能在风尘中识别名士，我以后一定要好好对待你！"两人在洞房里谈得越来越欢洽。唐伯虎就在这家留了下来。

有一天，贵客临门，主人命令他出来待客。酒席宴上，客人注目唐伯虎，暗暗吃惊，拉他到一边小声问道："你的相貌怎么这么像苏州的唐伯虎呀？"唐伯虎坦然说道："我就是唐伯虎，因为爱慕主人家的一位女子才来这里的。"客人把情况告诉了主人，主人大惊，第二天特地为唐伯虎置办了价值百金的行李，雇船把他与秋香双双送归苏州。

由于唐伯虎名气本来就很大，加上他早就在诗歌里坦承自己"好色"，所以这个故事传开之后，成了江南民间乃至全国最为人艳羡的一段风流佳话，再经过文人们一番捕风捉影地加工，就演变成了"唐伯虎点秋香"的故事，明朝末年就已被收进冯梦龙编的《情史》和《警世通言》。后来的历朝历代中，这个故事不断地被改编成戏剧、弹词乃至现代的电影、电视剧，经久不衰。唐伯虎成了古代文人在世俗社会里知名度最高的一位"超级明星"。

"唐伯虎点秋香"的故事其实算不上特别精彩，却流传了近500年，一方面说明人们普遍都对封建伪道德心怀不满，对唐伯虎这样的风流才子十分羡慕；另一方面也说明，唐伯虎对封建伪道德的反抗，采取的只是一种温和的甚至有点庸俗的方式，所以在当时和后世都很容易被世俗社会接受和认可。这个故事，对于读者和观众来说，当然是一出挺好玩的喜剧，但对于丧失自己人格尊严和文化品位去讨好官僚之门的文艺家唐伯虎来说，不如说是人生的一大悲剧。

文画双绝的唐伯虎，折损于仕途，不得已而放浪一生，真是令人可惜可叹！

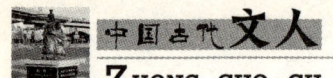

第三节
清朝的文人

 **难得糊涂的郑板桥**

　　清朝乾隆年间，扬州有个叫郑板桥的画家，名气很大。他的诗怪、字怪、画怪，人更怪，晚清曾有人作诗这样形容郑板桥："狂狷真名士，孑孓怪县令。画法参书法，竹情见人情。断狱坦寒士，求赈忤大公。怒掷乌纱去，一笑两袖清。"因此人们将他列为"扬州八怪"之一。其实，"板桥"只是他的号，他的名字叫郑燮。由于他在为别人作画、题字时常署名为"板桥"，人们才习惯地叫他郑板桥。

　　郑板桥一生经历了很多磨难。在刚满3岁时，他的母亲就死了，在"时缺一升半升米""布食单薄如空橐"的境遇中，郑板桥度过了他的童年时代。30岁那年，他的父亲去世，其后家境更加贫寒。为了养家，郑板桥开设私塾以赚取微薄的俸银，其辛酸常人难以体会。40岁时，郑板桥终于中举，44岁时考中进士，49岁时被任命为山东范县县令，5年后，调任潍县知县。

　　郑板桥爱憎分明，嫉恶如仇。他在做官期间，做了许多有利于老百姓的事情。为了救济贫苦的老百姓，他常常无偿将字画送给他们。如果索画的是当地的达官贵人，郑板桥不但不给，还要冷言相讽。熟悉郑板桥的人都说，郑板桥是性情中人，性格率真耿直，看到自己看不惯的人与事，就随口批评议论。这种不顾场合，不合时宜的做法却是官场中的大忌。这一点，郑板桥坦言，确实如此。但一进入情境，郑板桥便又忍不住口无遮拦起来。因此，郑板桥得罪了不少人。

　　一天晚上，郑板桥在书房里踱了几圈儿后，突然叫妻子进来帮他研墨。凭经验，妻子知道郑板桥灵感来了，这次研墨不是写字、作诗，便是作画。妻子往砚上舀水后，一边熟练地研磨，一边轻声地问郑板桥打算写些什么。

第五章 元明清时期的文人

郑板桥并不作答，手执毛笔，目光直直地看着前方，似乎若有所思。妻子不再作声，静静地做着手中的工作。一圈一圈，妻子在砚台上划着美丽的弧线。时间便也在这有规律地运行中悄然滑逝。渐渐地，妻子发现，郑板桥的目光开始发亮，蓦地，他举起饱蘸浓墨的笔，挥毫写下四个大字："难得糊涂"，笔力雄浑，力透纸背。其后，郑板桥又在大字下面，加了几行小字："聪明难，糊涂难；由聪明而转糊涂更难。放一着，退一步，当下心安，非图后来福也！"

此后，郑板桥一直把"难得糊涂"作为座右铭。不难看出，郑板桥所追求的"糊涂"是一种超拔的解脱，是存在于世俗压迫和人格自由夹缝中的一种中间状态，是对个性、对自由的执着追求。

"聪明难，糊涂难；由聪明而转糊涂更难，难得糊涂"！

郑板桥作品

 纪昀的智慧

纪昀（1724—1805年），字晓岚，一字春帆，直隶献县人，清朝时期的著名学者、文学家。乾隆进士，官至礼部尚书、协办大学士，曾任四库全书馆总纂官，纂定《四库全书总目提要》。有《纪文达公遗集》《阅微草堂笔记》等传世。

1. 留诗惊才子

传说有一次，纪晓岚赴江南主考，到了武昌，便在街上随便溜达。他抬头见一座酒楼上，有不少才子汇集一处在谈文论诗，准备应试。他看到这个情景，便匆匆上楼，凑到近前坐下。众才子见来了一个素不相识的老头，招呼也不打，就毫不客气地坐下，甚是稀罕。其中一才子对纪晓岚说："明日就要应考，我等会聚一堂，以文会友，入座者不可无诗，请老先生献章。"原来，这才子心想，你作不成诗，不用我们撵你自己就走了。这伙才子可万万

纪晓岚蜡像

没想到面前这位是他们的主考大人。

纪晓岚干咳了一声,低声说:"哦,作诗,我多少也懂一点点,不妨试试。"才子们也想看个笑话,便去取来文房四宝。纪晓岚也不客气,提笔就写,头一句写的是:

一上上到楼上头

土气得很,这哪里像诗?逗得大家哄堂大笑。才子们心里想,不知从哪里来了个疯魔,便调侃地催他再写下去。

十二栏杆接斗牛

嗯,多少有点诗味,于是才子们又催着他写。纪晓岚故意作戏,恳求说:"不才生来胆小,临场胆怯,请诸位暂且回避一下,不知行不行?"众才子说:"当然可以。"纪晓岚见众人离开,挥笔疾书,写完,放下笔,扭头就走,匆匆下楼。众人阻拦不住,都道:"疯子,十足的疯子,让他走吧!"

众才子回到屋里一看诗句,大惊道:"哎呀,咱们有眼不识泰山,不知主考大人到此,如此失礼,得罪了他,这还了得?"大家面对诗文呆若木鸡,但见上面写的是:

纪郎不愿留诗句,恐压江南十二州。

第五章 元明清时期的文人

纪晓岚从此成为才子们十分尊敬的人物。

2. "并吞六国"

传说,有一天,纪晓岚和另外六位文人一块儿喝酒。这六人事先商量好,想捉弄一下纪晓岚。那位年长的文人说:"喝酒要行酒令。我做令官。今天的酒令是每人说一个典故,要和桌上的菜肴有关。说得出的拿去吃,说不出的不能吃。按年龄大小,一个个地说。"

人有七个,纪晓岚最小,可菜只有六样。

令官说:"姜太公钓鱼。"他就把那碗鱼抢到自己面前。

第二人说:"时迁偷鸡。"他把鸡肉端到自己面前。

第三人说:"张飞卖肉。"他把猪肉端去了。

第四人说:"苏武牧羊。"他把羊肉端去了。

第五人说:"朱元璋杀牛。"他端去了牛肉。

桌上只剩下一碗青菜,第六人说:"刘备种菜。"把桌上的青菜也端去了。

令官于是说:"大家不要客气,各吃各的吧。"六个人你看看我,我看看你,又看看纪晓岚,他们很得意,都哈哈大笑起来。

纪晓岚不慌不忙地说:"且慢,我还没有说呢!"接着两手把袖子一捋,做好手势,大声说:"秦始皇并吞六国。"一下把他们面前的菜肴统统搬到自己面前来。

六个人无言可答,只好对纪晓岚说:"佩服,佩服!"

纪晓岚哈哈一笑道:"今天算我请客,我们大伙一起吃吧!"

3. 智对乾隆

有一年,乾隆下江南,纪晓岚也同皇上一道来到了杭州城。一天,纪晓岚陪同乾隆逛街,一行人路过一家杂货店。乾隆见门前高挂着一块黑漆嵌金字的招牌,佯作不知地问:"这是什么?"他想为难一下纪晓岚——因为纪晓岚如果直接回答说是招牌,那等于说堂堂的大清天子连招牌都不识,便有讥笑皇上之嫌。

纪晓岚抬头一看,原来上面写的是"黄杨木梳"。他马上猜透了乾隆的心思,灵机一动,故意说:"这是对联。""对联哪有成单之理?"乾隆乘机反诘。纪晓岚说:"陛下也许还不熟悉此暗藏着各种巧对。有上句必有下句,全靠学生留神观察,心领神会。""那它的下联在哪儿呢?"乾隆又问。

这样,君臣二人你一言我一语,已走过了几家店门。纪晓岚笑着指了指前面的一块招牌说："陛下请看，这就是下联。"原来那招牌上写的是"白莲藕粉"四个字。乾隆一琢磨，和"黄杨木梳"合在一起的确对仗工整，浑然天成。

乾隆明明知道这是纪晓岚在信口开河，但说得却像真有此事，无懈可击。不过，不驳倒纪晓岚，乾隆总觉得不甘心。这时两人正好走进一家裱画铺。乾隆一见心中大喜，他对纪晓岚说："按你方才的说法。这'精裱唐宋元明历代名人书画'，难道也能算是上联吗？"纪晓岚点点头说："不错不错，它的下联就在刚才来过的那家药店内，这里还能看见。"

乾隆回头一看，顿时语塞，真是太巧了，只见那边一家店铺的招牌上写着"采办川广云贵各省地道药材"。

李调元嬉笑怒骂成文章

清代乾隆年间，四川出了个很有名的才子叫李调元。他学识渊博，才华出众，人称奇才，人们对他十分钦佩。李调元有两大特长，一是应声作对，二是随口吟诗，由于这个，引出了不少趣谈。

一次是在大比之年，李调元上京赴考。他先乘船出了三峡，然后换马北上。一天他到了一个州城，正碰上当地州官大设酒宴，请了当地名人学士在传经书院里为上京赴试的举人们饯行。李听此消息也兴冲冲地赶去传经书院，希望能拜望几位名士。

到了书院，那里已聚集了不少人。他们衣着讲究，三三两两聚在一起高谈阔论，谈的自然是些诗文，但谈吐间大有你炫我耀之意。李调元不愿参与这种讨论，静静地在一边浏览。只见书院的正厅上高悬一块匾额，上书"起凤来龙"四字；右厢房题名"大块"，里面陈列着当地名士的文章；左厢房题的是"玉珠"，陈列着当地墨客的诗词。李调元正细细品味之际，酒宴开始，仪表不俗的他被人们强留下来，他也推辞不得，于是在末座坐下。

饮酒之际，名士们更是旁若无人地自我炫耀起来，个个喝得酒酣耳热，唾沫乱溅地自夸，大有"天下奇才尽此州，此州奇才惟独我"的气概。席间有人提到了四川的李白、三苏，表示很敬重他们，却不料有人随口吟了句诗："白也诗无敌，我看也平平。"另外一个人接着吟道："三苏文薄浅，不如《三字经》。"众人一听拍掌称好，形貌十分轻狂。又有人说道："听说四川又出了个李调元，人称才子，诗文写得很不错。"首席里马上有人反驳道："他的诗文我看过，文章通篇胡说，诗也写得有如放屁。"众人又哄堂大笑

第五章 元明清时期的文人

起来。李调元对眼前一群人的目中无人十分不满,但他不动声色,只顾埋头饮酒。

酒过三巡,气氛已很热闹了。州官请众人作对,展露自己的鸿才,不过有规定,上联右厢房的"大块"作起句,正厅匾额上所写的"起凤"的"起"字落末字;下联左厢房的"玉珠"作起句,正厅匾额上"来龙"的"来"字落末字。众人一听,开始搜肠刮肚地想起来,他们都想显露一下自己,无奈才气有限,始终想不出来,个个急得抓耳挠腮。

这时,李调元站了起来,他走到桌边,铺开文房四宝,挽袖提笔,立即写成一联:

大块投河,方知文从胡说起,
玉珠击鼓,始信诗由放屁来。

众人一看,便知道自己被嘲讽了,于是满肚懊恼却又奈何不得他,只好硬着头皮请教来客的姓名。李调元并不作声,挥起大笔写成一首七绝:

李白诗名高千古,调奇律雅格尤高。
元盼多少风骚客,也为斯人尽折腰。

写罢将笔一掷,飘然离去。

众人很惊讶,面面相觑,不知这首诗大赞李白用意何在。忽然有一人猛然醒悟,他一拍头失声叫道:"我的天,他就是李调元!"众人经指点,才发现诗头的"李调元也"四个字。

大家回头看他的对联,对"大块投河"与"玉珠击鼓"两句很不理解,不知典故取自哪里。书院看门的老头插话道:"这很好懂呀!投河、击鼓所出的声响都是'不通',李调元是在说你们这些'大块'与'玉珠'都不通呢!"众人听了,个个把脸羞得通红,无言以对。

从这以后,李调元的名气就大了起来。后来他应试得中,不久被皇帝任命为两江主考。人们都知道两江之地、苏杭一带是才子如云的地方,除非有非凡的才华,否则不能够使那些自恃才高的才子们真心佩服。

一日夜晚,两江名噪一时的六位才子邀李调元同游西湖,话虽如此,但是他们实际上是想找个机会难倒李调元。李调元并不介意,他望着月明波静、湖阔岸远的西湖,欣然同意了。他们坐着船,在湖心饮酒作诗,赏月听歌,兴致很高。

一边喝着,六位才子互相递起眼色来,其中一个清瘦无须的才子首先向李调元发难了:"今夜游西湖,主考官佳作连篇,我等非常佩服,只是大人作的诗中,没有一首出现过数目字。当然,有的人认为写诗要避讳数目字出现,

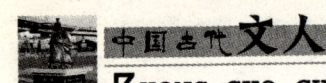

否则诗意顿无。但是我们不这样认为，我们觉得只要独具匠心，把数字巧妙地融入诗中，也能得到一种意想不到的情趣。这有贺知章的《咏柳》诗为证：

碧玉妆成一树高，万条垂下绿丝绦。

不知细叶谁裁出，二月春风似剪刀。

"这里，首句一个'一'，次句一个'万'，末句一个'二'，不是很有意思吗？李白所作的《望天门山》诗句'两岸青山相对出，孤帆一片日边来'，更是绝纱的例子。只可惜前人没有在绝诗中将数字从一至十化入的先例。今夜，就请号称当今奇才的主考官大人开先例，吟咏一首有关两江事物的诗助兴吧！"

李调元听罢微微一笑，他饮尽手中一杯酒，说道："以数字入诗，不过是雕虫小技罢了！"随口而出一首诗：

一名大乔二小乔，三寸金莲四寸腰。

买得五六七包粉，打扮八九十分娇。

李调元反应如此迅速，当即令六位才子哑口无言，他们本欲为难李调元，却不料给了李调元一个展露才智的机会。此诗不但数字齐全，咏诵的是两江的大乔小乔，完全合乎要求；更难得的是仅仅28个字，活脱脱地再现两位少妇的娇态，更是令人惊叹！苏杭六才子也不免叫起好来，赶紧为李调元斟酒。

但是六位才子仍不服气，他们还想看看李调元的真功夫，于是又在一起嘀咕了半天。

这时李调元在众人的劝酒下已经半酣了，他倒在椅子上东一句西一句地吟诗。六才子认为时机已到，于是一个尖嗓子的才子对醉醺醺的李调元道："主考大人文思敏捷，我等佩服不已。不过，大人是否还能作一首吟咏此时此地情景的诗呢？数字的排列顺序要与前一首相反。如果吟成，我等今夜也算不虚此行了。"

其他五个才子在一边帮腔，有人起哄，有人激将："主考大人此刻诗兴正浓，让我们开开眼界吧！""不行了，四川才子已沉醉于西湖美景，我们还是等到他酒醒之后再请教吧！"

李调元虽然醉了，但是还是有些清醒。在眼前这吵闹的气氛之中，他抬眼便望到了天上一轮明月，俯视看到月映在水中的倒影，心中有了底。他望着眼前笑话他的六位才子，大声喝问道："今日十几？"六位才子被吓了一跳，忙答道："十八，大人！""到底十几？"李调元不耐烦了。"此时已过半夜，我想，该算作十九了！"其中一位才子答道。

"嗯。"李调元满意了，他大呼道，"这就有了！"于是高声吟道：

第五章 元明清时期的文人

　　十九月亮八分圆，七个才子六个癫。
　　五更四点鸡三唱，怀抱二月一枕眠。
　　吟罢，哈哈大笑起来，复又趴在酒案上沉沉地睡了过去。
　　六位才子见李调元吟诗如同信手拈来，嬉笑怒骂皆成文章，不禁对他的惊人才智佩服得五体投地。从此，他们对这个名副其实的才子是真心仰慕了。

王国维治学三境界

　　王国维，字伯隅，自号静安，又号观堂，生于1877年（清光绪三年），是清末人。王国维出生于书香门第，3岁丧母，6岁入塾读书，很快便展现出奇才。王国维在思想上是时时梦想复辟清朝，甘心做臣仆的人。作为清朝遗老，他是保守又顽固的；但是在"治学"上，他却很有才华。王国维以博学著称于世，很有盛名。因此，经常有人登门请教。

　　一天，有人到王国维府上请教"治学之道"，说起做学问的方法和途径，王国维的心得是很多的，因此，他略略思考了片刻，便侃侃而道："古今凡是成就了大事业、大学问的人，都要经过三种境界：'昨夜西风凋碧树，独上高楼，望尽天涯路'，这是第一种境界；'衣带渐宽终不悔，为伊消得人憔悴'，这是第二种境界；'众里寻他千百度，蓦然回首，那人却在灯火阑珊处'，这是第三种境界。"

王国维纪念碑

　　那位求教的人听过王国维这一番话，觉得豁然开朗了，从这三句话中，他悟到了不少东西，于是千恩万谢地走了。

　　王国维这三句话都出自宋词，原意多指男女离别相思之情，但是被王国维巧妙地一转用，却能形象而深刻地说明治学过程的三个阶段。

　　第一种境界，出自晏殊《蝶恋花》：

　　槛菊愁烟兰泣露，罗幕轻寒，燕

子双飞去。明月不谙离恨苦，斜光到晓穿朱户。

昨夜西风凋碧树，独上高楼，望尽天涯路。欲寄彩笺兼尺素，山长水阔知何处！

第二种境界，出自柳永《蝶恋花》：

伫倚危楼风细细，望极春愁，黯黯生天际。草色烟光残照里，无言谁会凭栏意？

拟把疏狂图一醉，对酒当歌，强乐还无味。衣带渐宽终不悔，为伊消得人憔悴。

第三种境界，出自辛弃疾《青玉案》：

东风夜放花千树，更吹落，星如雨。宝马雕车香满路，凤箫声动，玉壶光转，一夜鱼龙舞。

蛾儿雪柳黄金缕，笑语盈盈暗香去。众里寻他千百度，蓦然回首，那人却在灯火阑珊处。

这里的第一种境界，是说古今中外在事业上、治学上有成就的人都必然高瞻远瞩，志向远大，敢于有独到见解，独辟蹊径，自成一家；倘若胸无大志，是不会成功的。

第二种境界，是说为了达到目标，必须呕心沥血，艰苦奋斗，即使为之消瘦憔悴也不后悔，在所不惜；贪图安逸舒服是达不到目标的。

第三种境界，已是成功阶段了，"治学"的极致，是"蓦然"发现自己所求，得来轻松自如，颇含有意外，但是没有第二种境界的辛苦，纵然如何"寻他千百度"也是求不到的。

王国维的"三种境界"得到了许许多多人的赞同，很多人因它而寻到治学的门径，也有很多人以这三种境界自勉，得益匪浅。后来王国维的《人间词话》中收录了这段故事，一时成为佳话。

曹雪芹的钟情

曹雪芹（1724—1764年），名霑，字梦阮，号雪芹、芹圃、芹溪，满洲正白旗包衣；清代杰出的小说家，所著《石头记》（即《红楼梦》）是我国古典小说中伟大的现实主义作品，他既能诗，又善画，但作品流传绝少。

《红楼梦》的作者曹雪芹有三个号：雪芹、芹圃、芹溪，都有"芹"字。这绝不是因他江郎才尽，想不出更好的名字，而是缘于他对一种叫"水芹"的植物情有独钟，并用它治好了不少疑难杂症。

第五章 元明清时期的文人

相传曹雪芹被抄家后,流落到京郊西山脚下的正白旗村,过着"举家食粥酒常赊"的穷苦生活。在他常赊酒喝的酒馆里有个年过半百的老伙计叫马青,见曹雪芹满腹学问,便不时地接济他。一来二去,俩人就成了推心置腹的好朋友。

有一回,曹雪芹一连三天未见马青露面,一打听,才知马青病得不轻,便大步流星地跑到他家,却见马青昏昏沉沉地躺在炕上呻吟。曹雪芹走近炕前,为马青号了脉后,便胸有成竹地跑到村头的池塘边,割下一把野生的水芹,熬成汤,令马青喝下。药到病除,不到三天,马青就恢复了健康。从此,曹雪芹的名声大振,前来求医的村

曹雪芹故居门楼

民络绎不绝。他也因此就地取材,以水芹和从山中采来的草药为主,为当地群众治病,分文不收。老百姓都说他是华佗再世。为了表达自己的志向,他便给自己起了个叫"雪芹"的号,意思是说愿做乡间的一棵野芹,为饥者充饥,为病者治病。以后又起了"芹圃""芹溪"两个号,以反映他矢志为民的意愿。

知识链接

曹雪芹与品香泉

香山的泉水可多啦!老人们说:"香山遍地泉,大小七十眼。""香山三百寺,无寺没泉眼。"这里是神州宝地,名泉很多,要说哪一口泉水最好,

说法各一,什么"罗大天的泉养神仙,双清的泉炼过丹""喝了水源头儿的泉,养生保平安;常饮品香泉,管保活万年!"正白旗的曹雪芹尝遍了香山的泉水,他的评论是:泉水清、泉水甜,烹茶要属品香泉!

品香泉的源头在得山法海寺南边的一个山洼里,泉水清清,长流不断。曹雪芹和他的朋友鄂比先生,差不多每天早晨都要到这里来遛弯儿。回来的时候总要带上一壶品香泉的水沏茶喝。鄂比直纳闷,有一次就问他为什么单喜欢喝这个泉的水。雪芹告诉他:"香山大小七十泉,我都品尝过了,独有这品香泉水清冽、味香甜,水质最轻,有养生延年的功能。不信,你可以尝一尝!"鄂比说:"我看水源头儿的泉水也不错嘛!"雪芹笑了笑说:"老弟说的可是外行话啦,水源头儿的泉水固然也不错,与品香泉相比,那就不可同日而语了!"鄂比听了,摇摇头说:"恐怕也不见得吧,一股泉水,都让你给说神了。"

一天早晨,鄂比先生又来邀曹雪芹到香山闲遛。雪芹写《红楼梦》正写到兴头儿上,不能相陪,就请鄂比顺便给带一壶品香泉的水来。

鄂比不负朋友的委托,把泉水捎回来递给雪芹。二人一边聊天,一边烧开了泉水,沏了两碗茶。曹雪芹刚喝了半碗,就把茶碗放在桌子上,问鄂比先生:"这壶水是从哪股泉水打来的?"鄂比一愣,笑着说:"这是品香泉的水呀!"雪芹一听哈哈大笑,说:"老兄你真的开玩笑。你不要蒙我啦!这壶里盛的是两股泉的水,一半是水源头儿的,一半是品香泉的。"鄂比见雪芹说得那么肯定,就问:"莫非你刚才没有写书,偷偷跟着我上山去了?"雪芹说:"我这碗茶,上边半碗水清味儿正,是品香泉的水;下边半碗就逊色多了,是水源头的泉水。是你老兄捣鬼了吧?"

鄂比先生开的玩笑被雪芹看破,就如实地告诉了雪芹,他确实是先去水源头儿灌了半壶水,又到品香泉灌了半壶水,想试一试雪芹能不能品尝出来。他称赞雪芹说:"你真是茶仙再世,陆羽复生,不光有识别杜康的本领,还是一位品茶的高手啊!"

这个故事传出去,品香泉的水就出了名。远近的人都到香山来取水烹茶。有人还说:品香泉的水能医治百病,常年饮用还可益寿延年!后来乾隆皇帝也知道此事了,就在品香泉修建了一座小行宫,把泉水独占了。乾隆住在紫禁城里的时候,也有一辆专门运送泉水的龙车,天天把品香泉的水送到皇宫里去。至此,香山一带的老百姓,谁也喝不上品香泉的水了。

第六章

古代文人的生活百态

　　古代文人难以直抒内心的愤恨与压抑,但在其作品的字里行间还是留下了斑驳零散的印迹,婉曲地控诉着黑暗社会文人的摧残与迫害。当然,古代文人也有貌似洒脱逍遥的一面,他们在现实生活中,可以选择隐逸山林,归隐田园;可以饮酒畅神,达到物我两忘的超然境界;可以混迹青楼楚馆,沉浸在依红偎翠的温柔乡中……但这些看似潇洒快意、风流浪漫的生活,以及古代文人笔下那些与隐居、饮酒、柳巷花衢有关的文字,多深藏着他们隐逸时无法安宁的灵魂,酒醉时无法忘却的忧思,以及身处风月场中,却难以摆脱的落魄与感伤……

第一节
古代文人的生活

文人的旷达与风流

在中国古代漫长的历史进程中,敏感的文人最先感受到心灵的苦难和煎熬、生命的神奇和始终:"悠悠苍天,此何人哉?"(《诗经·黍离》)"曼余目以流观兮,冀壹反之何时?"(楚辞《哀郢》)"生年不满百,常怀千岁忧。"(《古诗十九首》)作为时代代言人的诗人,他们问天问地又问己,忧时忧世又忧心。

"短生旅长世,恒觉白日欹。览镜睨颓容,华容岂久期。"(谢灵运《豫章行》)"人情有感慨,荡漾焉能排。"(阮籍《咏怀诗》其三十七)短生长世、日出日落,荡漾徘徊,对镜沉思,有限的人生究竟有什么意义?"人生良自剧,天道与何人?"(鲍照《代嵩里行》)"惟彼穷途恸,知余行路难。"(庾信《拟咏二十七首》其四)战乱频仍,人祸不断,天道到底与何人?末日穷途,生存艰难,文人究竟该怎样活着?

苦难深重的时代,在中国古代文人们的心灵上刻下了深深的创伤。他们那脆弱而又徘徊不安的灵魂,在苦苦寻觅着解决的方式、超脱的路径。

"青苔寺里无马迹,绿水桥边多酒楼。大抵南朝皆旷达,可怜东晋最风流。"(杜牧《润州二首》)沈德潜说:"晋人多尚旷达。"(《说诗晬语》)他们说的虽然都是六朝文人,但可谓以一当十,画龙点睛,恰当地概括了中国古代文人"乐"与"情"的人生方式和诗学特色。

所谓"旷达",《晋书·张翰传》云:"翰任心自适,不求当世。……时人贵其旷达。"(卷九十二)可见,旷达就是一种任心自适的"乐"。

所谓"风流",除指文采斐然、文学思想异彩纷呈外,还指丰富的个人情感生活,《南齐书·王俭传》云:"俭常谓人曰:江左风流宰相,唯有谢安。

第六章 古代文人的生活百态

盖自比也。"（卷二十三）谢安是我们要谈及的探索"情"的人生方式的智者之一，因而这里的所谓"风流"，大体也包含我们所论及的"情"的内涵。

自孔子感慨"逝者如斯"、屈原呼喊"上下求索"开始，中国古代文人就一直在关注生命的价值和意义，他们有着十分强烈的主体意识，他们热爱生活，渴望自由，他们思想活跃而深沉，他们利用天才敏锐的悟性，把自己及社会的、民众的潜意识心理内容、把历史所发生的重大变革，通过心灵的感受而用文章优美地表现出来。

唯其如此，他们才比一般人更深切地体会到人生的悲剧性质，有着更深沉的痛苦。

正是在这深沉的人生痛苦中，出于怜惜和珍重生命的需要，他们对美、对山水、对艺术、对情爱有着更强烈的需求，在天人合一之中、在对自然和社会明慧的感悟中体味出愉悦，油然而升起一种超脱和达观的"乐"。

中国古代文人在灵魂孤苦无依的漂泊中，在对人生切肤之痛的体验中，认识到要改变社会，作为个体生命是很难有所作为的，能做的只能是调整自己。而调整自己的最好方式是远离尘世，回归自然。

在他们看来，这不是人向自然的跌落，而是人对自然境界的提升。一旦心灵开通畅达，看破人生之悲，生命中"乐"的光华便顷刻喷薄而出，开拓心胸，精神四达而畅快并流，使人拈花欣慰，惆怅顿解。

中国传统的人生哲学早就为中国文人们将"忧"化为"乐"，准备了知和行的根据，以致他们不会忧伤过度，忧而至死。

在这一条"穷则独善，惊网罗之在天；老当益壮，作湛卢之去国"的逍遥路上，他们尽可以豹文隐雾、坐观时变，月里槎浮、自鸣天籁，他们尽可以心安理得地捻髭曼吟，会心微笑了。

这就是为什么自屈原自沉汨罗江以降，一千多年以来，中国著名文人没有一位因人生信念危机而自杀的原因。这种状况直到王国维为止，而他正是接受了叔本华、尼采的存在主义悲观论思想。

由此可见。如果没有这"乐"的心灵远游，没有在大自然的怀抱中陶冶性情，清净胸襟，驱除心理"沉疴积滞"，沐浴"乐"的精气，在那黑暗笼罩的社会里，中国文人们的心志将因信念的执着而枯竭、死亡。

与此同时，有些文人还在这种"乐"中添加了"情"的色彩。他们或以尘世、山水中的"乐"来经历这场如梦魇般的人生，或以情爱的幻想、情欲的满足来逃避这世间的险恶和山水田园的乏"情"。

不仅如此，自阮籍肇始，到唐代的温飞卿、宋代的柳永、明代的袁宏道，

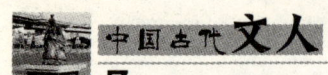

红楼梦绘画

直至清代的曹雪芹及其不朽的巨著《红楼梦》,他们在传统的"穷则独善其身,达则兼济天下"、"天下有道则见,无道则隐"的两条"仕"和"隐"的人生方式之外,探索出中国文人的第三种人生方式——"情"的人生道路。

实实在在的清净山水,优游卒岁的雅致田园,的确能给隐逸于山水田园中的中国古代文人带来心理和生理上的满足。

然而,这里却缺乏"情"。

因此,理想幻梦中的"情"的纯净世界,真切温存的"爱"的欢娱天地,也能给中国古代文人,带来有别于浑浊尘世甚至是有别于山水田园中的全新感受。他们在这里,寻觅到了属于自己的生命绿色、快乐方式和"情"的希望"领地"。正如鲁迅先生所说:"自有《红楼梦》出来以后,传统的思想和写法都被打破了。"

第六章 古代文人的生活百态

上述这种"乐"或"情",给人带来的充盈满足,也真的能弥补逃离现实官场生活的心理缺憾。

顺时适天, 各有其乐

中国文人们的乐,或以儒家要义为主,或以佛老经典为旨,或儒道互补、儒释互补,甚至儒、道、佛三位一体,中国文人们都会根据自己境遇的不同,而各取所需。

如果说儒家的乐更偏重于人在社会生活中伦理价值、自我价值的实现,佛家的乐更注重人的内在精神的心理满足;那么,老庄或道家的乐则更强调其无拘无束、无所依凭的自在,更关注人的个体生命的永恒与快活。

儒家之乐带有道德伦理色彩,是家常生活、国之义理秩序中的充盈大和与兼善之乐。这种道德义理之乐与"忧"构成相辅相成、相互对立又相互统一的要素。

佛禅的乐具有了色空内敛的气质,是打坐静修、磨炼意志后得到的内心静寂之乐。这种内心静寂之乐摒弃了尘世之执、之障,心如止水。

道家的乐超道德、超历史,是与自然万象、宇宙万物相契合的清虚恬然之乐。这种崇尚自然之乐是随心所之,无为无谓的乐。

后两种乐是中国文人终极性价值意向,一旦"忧"的意识或兼善之乐受到阻碍,后两种乐总归是一个绝对的保障。

如果说儒家的乐是隐藏在人的意识深层的"欲"在社会理想的升华转化中获得的,佛家的乐是在压抑、灭空这种"欲"后得到的内心慰藉和宽怀;那么,老庄、道家的乐则或是将这种"欲"无限自然化,以致成为无欲之乐,或是这种欲在虚幻中得到满足、在宣泄中得到平息后获得的心理快感。故李谧的《神士赋歌》总结道:

> 周礼重儒教,庄老贵无为。
> 二途虽如异,一是买声儿。
> 生乎意不惬,死名何用施。
> 可心聊自乐,终不为人移。

说明这种乐各取所需、各有所乐,注重的是主体自身的愉悦感觉,并不在乎一"事"一"教"。

如果说儒家的乐主要使中国诗学精神更强调其社会功能而充满了政治伦理色彩,佛家的乐使中国诗学精神具有了静寂的意境和空灵的气象的话;那

么，老庄或道家的乐给中国诗学精神注入了丁点自由的意识和恢弘恣肆的气势，贯注了更丰富的想像力和神奇瑰丽的浪漫。

它们三者也有共同之处，个体自足心态的盈盈快乐的精神意向在儒、释、道这里，都超越了外部事物的限制。而转向主体心态本身。家国义理也好，自然山水、宇宙万物也好，都不过是个体心身获取快乐的媒介，个体心态的快乐是最终目的。

因而，在儒、释、道这里，"乐"成为了终极性价值信念体系。

儒、道、佛"乐"的意识与中国传统诗学精神相互交融，各个时代有其鲜明的特色。

魏晋南北朝的文学思想中的这种乐具有反叛意义，有逸乐也有心乐，却少了一份儒家的"兼善天下"的情怀。

有唐一代，国力强盛，文化繁荣，文士们的乐观、浪漫精神得到极大发挥。陈子昂不但在诗风上提倡"骨气端祥，光英朗练"（《与东方左史》）的情采飞扬、刚健向上的精神，而且在行动上、创作上表现了"匈奴犹未灭，勿使燕然上，独有汉将功"建功立业的豪气。

李白虽然一直追求"一生傲岸苦不谐，恩疏媒劳志多乖。严陵高歌揖汉天子，何必长剑拄颐事玉阶。达亦不足贵，穷亦不足悲"（《答王十二寒夜独酌有怀》）的超迈之乐。但是，"庄、屈实二，不可以并，并之以为心，自白始；儒、仙、侠实三，不可以合，合之以为气，又自白始也"（龚自珍《最录李白集》），思想复杂浑一的他念念不忘的仍是"愿将腰下剑，直为斩楼兰"（《塞下曲》其一）的兼济之乐，一旦有此机会，内心的喜悦便溢于言表："仰天大笑出门去，我辈岂是蓬蒿人。"（《南陵别儿童入京》）

宋代范仲淹似乎更强调孔子的"忧"："先天下之忧而忧，后天下之乐而乐"，乐在"天下"之中，明显的是儒家的道德义理、兼善天下之乐，但是，因缺失而产生的"忧"，并没有取代自足的"乐"，只是以"忧"的意向为优先，是时间的先后问题。

大文豪苏轼在儒、道、释中，各取所需，游刃有余。得志时，修苏堤、行王道，有儒家的合群之乐；不得志时，啖荔枝、游赤壁，有佛老的旷达之乐。

宋代大儒兼诗人二程、朱熹，喜欢追问和解释孔子的"沂水之乐"、"曾点之乐"，所乐何处？并常常于日常生活中阐发深不可测的理、道之乐。

总之，"乐"在中国传统诗学精神中，包容儒、道、释的乐的精粹，是文人们精神、心态本身"无待于外"的自足表现。

第六章 古代文人的生活百态

文人以酒解忧销愁

宋人朱肱在《酒经》中说:"酒之于世也,礼天地,事鬼神,乡射之饮,鹿鸣之歌,宾主百拜,左右秩之,上至缙绅,下逮闾里,诗人墨客无一可以缺此。"(《说郛》卷四十四)酒之于古代文人,一个最普通、最重要的作用就是浇愁、消愁。社会压抑、仕途坎坷、政治失意、生活窘困、处境孤独、岁月推移、季节变迁等种种原因,使古代文人的内心淤积了与他们承受能力不相适应的过多的忧愁与哀怨、痛苦与悲伤。在诸饮之中,酒以其独特的品性,理所当然地充当了化解忧愁、消除痛苦的最佳使者:"情多最恨花无语,愁破方知酒有权"(郑谷《中年》),"添衣策马寻亭堠,愁抱惟宜酒"(周邦彦《虞美人》),"无计驱愁得,还推到酒边"(唐庚《春归》),"万事惟凭酒暂忘,寸心未与年俱老"(陆游《春社有感》),都将酒看做是驱愁忘忧的好帮手。唐人罗隐说:"今朝有酒今朝醉,明日愁来明日愁"(《自遣》),韦庄说:"对酒且呵呵,人生能几何"(《菩萨蛮》),宋人高翥说:"人生有酒须当醉,一滴何曾到九泉"(《清明》),明人朱存理说:"万事不如杯在手,一年几见月当头"(《中秋》)。就连深受儒家思想影响、大谈"载道"的韩愈,也顾不上先圣孔子关于"唯酒无量,不及乱"(《论语·乡党》)的训诫,大呼"破除万事无过酒,杯行到君莫停手"(《赠郑兵曹》),纵酒的结果是可想而知的,韩愈最终不无悔意地说:"断送一生惟有酒,寻思百计不如闲。"(《遣兴》)

在古代诸多以酒浇愁的文人中,北宋词人柳永的遭遇可以说是最具悲剧色彩了,据吴曾《能改斋漫录》载:他年轻时写过一首《鹤冲天》词,以发泄其怀才不遇的牢骚,其中有"忍把浮名,换了浅斟低唱"一句,结果被宋仁宗看到,"及临轩放榜,特落之曰:'且去浅斟低唱,何要浮名?且填词去'"。柳永自然落榜了,此后又参加考试,结果又因此词落第。连连遭遇挫折之后,柳永便整日与浪子纵游娼馆酒楼,与乐工、妓女为伍,尽情施展其写词的才华。年近半百之时,柳永终于考取了进士,但只做过几任小官。他是北宋词人中政治地位最低的一个,死后也很凄凉,是由别人出资埋葬的。他词中的酒,也像他的身世一样,充满了凄凉哀怨,让人感伤不已:"今宵酒醒何处,杨柳岸,晓风残月。"(《雨霖铃令》)清幽的景物中,透出了人心的寂寞;"拟把疏狂图一醉,对酒当歌,强乐还无味。"(《蝶恋花》)"图一醉"并不是对酒真有什么兴趣,只是想抒发愁怀,但"强乐"本身又是痛苦的表

柳永纪念馆雕像

现,哪有什么兴味可言;"那堪酒醒,又闻空阶,夜雨频滴。"(《浪淘沙》)孤寂悲凉的体验在酒醒后更深切、更浓郁了;"狎兴生疏,酒徒萧索,不似少年时。"(《少年游》)伤今感昔,年华已往。柳永虽然也有过"乘醉听箫鼓,吟赏烟霞"(《望海潮》)的悠然豪迈,但更多的时候,酒给潦倒一生的柳永带来的是悲愁和痛楚,而不是快乐。

在浇愁、销愁之外,酒在魏晋时代还有一个特殊的作用,那就是纵酒佯狂既可以表现对现实的不满,又可以保护自己。魏晋是中国历史上的一个特殊时期,从神学重负、礼教压抑下解脱出来的文人,感情浪漫,追求独立自由的个性、萧散超旷的心境,酒既是他们走向新生活的伴侣,也是新生活的重要组成部分。

魏晋多名士,但能否成为名士,饮酒是一个重要标准:"名士不须奇才,但使常得无事,痛饮酒,熟读《离骚》,便可称名士。"(《世说新语·任诞》)名士们全然不理会"酒以成礼,过则败德"(《三国志·吴书》)的训诫,竞相饮酒,以酒邀名,使前代"高阳酒徒"相形见绌,名士王忱曾很动情地说:"三日不饮酒,觉形神不复相亲。"(《世说新语·任诞》)几天不喝酒,就会

第六章 古代文人的生活百态

觉得灵肉分离,可见酒在他生活中的重要作用。王蕴嗜酒,醒的时候很少,原因用他自己的话说是"酒正使人人自远"(《世说新语·任诞》),酒使人和尘世拉开了距离,从而进入一个如真似幻的独特境界中了。

　　正始时期,由于司马氏和曹魏集团之间争夺政权异常激烈,文人的生死取决于对司马氏的向背,一些正直的文人对此进行各式各样的反抗,如"竹林七贤"中的阮籍、刘伶等就以放荡不羁、纵酒佯狂表示对现实的不满。人称阮籍"胸中有块垒,故须酒浇之"(《世说新语·任诞》),酒成了宣泄缓解内心矛盾痛苦的重要手段。在一些特殊的时候,他还借酒进行有效的自我保护。表面看来,阮籍似乎是一个酒徒、一个醉鬼。然而,撩开面纱,我们却可以看到阮籍灵魂深处的创伤,听到他悲怆而绝望的呐喊。生活在人人岌岌可危、生命难保的魏晋,阮籍只有通过借酒来麻醉自己,借酒来逃祸避患,而且还以酒为武器来表现自己对礼教的反叛,其《咏怀诗》八十二首,不少是酒后抒怀言志的诗歌,隐晦曲折地表达他决不同流合污的高尚情操。

　　《晋书·阮籍传》说得好,"籍本有济世志,属魏晋之际,天下多故,名士少有全者,籍由是不与世事,遂酣饮为常"。而且阮籍和他朋友饮酒的方式也常常是让人吃惊的。他喝酒的时候常常解开头巾,披散着头发,喝得热起来,还脱去衣服,光着身子。他们喝酒的用具不是杯盏,而是盆罐,酣畅放任地狂饮,很快便醉态毕现。有时飘香的酒味引来猪群,当猪把长嘴拱到酒盆里去的时候,阮籍竟然也把头伸进了盆里,于是,人和猪共同饮起酒来。醉酒的阮籍是不在乎什么礼法的,他有一个以卖酒为业的邻居,妻子长得很美,阮籍常常去喝酒,喝得酩酊大醉,便躺在女主人的边上呼呼大睡,醒来了也毫不在意,一副若无其事的样子。有一年,阮籍的母亲去世了,孝子应该按照礼法守制,在家里接待前来吊唁的客人,而且还要显得极其悲伤的样子,少吃饭,甚至不吃饭。出乎人们意料的是,阮籍虽然是当时有名的孝子,但他在家办丧事期间,却照样饮酒吃肉。这种"但愿长醉不愿醒"的风气,从表面上看,是一种纵欲行为,或者说,是自我麻醉的方式。但是,用这个观点来解释和理解"竹林七贤",那就不免失之简单了。

　　沉湎于饮酒,就是一种选择。如果从这方面来理解"竹林七贤"们的举止,我们感到,他们内心的痛苦其实是难以用语言来表达的。所以,当七贤之一的阮籍得知自己的儿子在效仿他们的行为时,立即加以劝阻,说这些事并不值得模仿。由此看来,他们内心对此是十分清醒的。这种方式确实帮助他们躲避了一些麻烦,据说司马氏家族曾经打算与阮籍商议联姻的事,不料阮籍沉浸在醉乡中,"物我两忘",竟然两个多月未能清醒过来,司马氏最后

171

只得作罢。如此幸运地避开了一场说不清是福是祸的事情,谁又能说阮籍是一个只知酣饮醇酒、放浪形骸的酒徒呢?

刘伶是魏晋时的又一位奇人,他"肆意放荡,悠焉神畅,自得一时,常以宇宙为狭"(《世说新语·容止》引《魏国侯》),他的纵酒名闻四方,他不仅自我标榜"天生刘伶,以酒为名,一饮一斛,五斗解醒"。而且纵酒后裸形屋中,有人讽刺他,他反戈一击:"我以天地为栋宇,屋室为裈衣,诸君何为入我裈中。"(《世说新语·容止》第十四)

由于社会动荡不安,魏晋时期的统治者对文人进行政治迫害,使文人不得不借酒浇愁,或以酒避祸,以酒后狂言发泄对时政的不满。追求精神的解放与超越是"竹林七贤"等文人纵酒的重要原因。魏晋之后,这种情形就相对少见了,这倒不是因为现实有多大改观,而是文人更懂得斗争的方式与策略了,更懂得也更珍惜生命的价值了。

李白在唐代被称为"酒仙",可以这样说,没有酒的滋润营养,就没有李白那一首首脍炙人口的不朽诗篇。"李白斗酒诗百篇,长安市上酒家眠。天子呼来不上船,自称臣是酒中仙。"(杜甫《饮中八仙歌》)杜甫的诗歌浮雕般地突出了李白的嗜好和诗才。

李白的一生是矛盾的,儒家的用世济时与道家的神游求仙,纵横家的汲汲于功名与侠士的不矜其功,高远的理想与残酷的现实,这一对对矛盾左右着诗人的命运,真是"行路难,难于上青天!"李白的一生又是浪漫的,他张扬自我,豪放不羁,洒脱乐观,如一位飘逸不群的神仙出于浊世而不染。无论有几多矛盾几度挫折,他仍有着"天生我材必有用"的豁达,等待着"大鹏飞兮振八裔"的那一天,享受长安城的锦绣繁华要以摧眉折腰为代价,这不是诗人想要的,人生在世不如意,索性归去,乘一叶扁舟。

矛盾与浪漫,使李白爱酒成为必然。在矛盾中坚持浪漫,以浪漫去对抗矛盾,这种激烈的碰撞是惊心动魄的,诗人可以在酒的世界里忘记伤痛,得到片刻放松。于是我们看到了"举杯邀明月,对影成三人"(《月下独酌》)的自得,看到了"人生得意须尽欢,莫使金樽空对月"的洒脱,更有"百年三万六千日,一日须倾三百杯"(《襄阳歌》)的狂放。然而"但愿长醉不愿醒"只是一种愿望,"与尔同销万古愁"也只是"举杯消愁愁更愁"(《宣州谢朓楼饯别校书叔云》)。他知道醉酒之乐是短暂的,是于事无补的,可是如果不醉,就连这短暂的快乐也没有了。诗人就这样在理想与现实之中,酒醉与清醒之间徘徊着。

第六章 古代文人的生活百态

文人借酒增长灵感文思

美酒点燃了灵感的火花，文才又借美酒发挥得淋漓尽致。有人向阮籍求文，阮籍就醉挥笔而就，不加稍饰，"时人以为神笔"（《世说新语·文学》）；杜甫自己不仅有"醉里从为客，诗成觉有神"（《独酌成诗》）的体验，对李白诗创作与酒之关系也有较深刻的认识："李白斗酒诗百篇，长安市上酒家眠。"（《饮中八仙》）杜甫认为，许多时候是美酒激发了李白浪漫豪迈的激情。李白有大量的诗篇是以酒为题或与酒有关的，激情奔涌，热烈飞动，让人充分体会到了酒所释放的巨大能量。

在宋代，有许多诗人谈到自己真切体验到的、在酒激发下难以抑止的创作冲动。刘克庄的"酒酣耳热说文章，惊倒邻墙，推倒胡床。旁观拍手笑疏狂，疏又何妨，狂又何妨"（《一剪梅》），是写他与朋友在酒酣耳热之时，谈古论今，评说文章，手舞足蹈，雄放恣肆，大有不可一世之慨。对诗酒关系感受最真切、表述得也十分形象生动的要推南宋诗人华岳的"酒入诗肠句不寒"（《酒楼秋望》）了，酒熨热了满腹的诗情，诗人俯仰古今，激情涌动，禁不住慷慨高歌，出口之言自然是句句炽热、字字滚烫。与李白一样，苏东坡在酒中醉中也写下了许多诗篇，"醉书"、"醉题"字样屡屡出现在其诗题中，如《六月二十七日望湖楼醉书》（五首）中的"我本无家更安往，故乡无此好湖山"，便表现了他不畏贬谪，在人生的风浪中寻找快意、抒发豪情壮志。陆游亦是如此："饮如长鲸赴汤海，诗成放笔千觞空。"（《凌云醉归作》）气势磅礴，急斟豪饮，诗成酒尽。陆游在酒中吟诗，也在醉中疾书："今朝醉眼烂岩电，提笔四顾天地窄。忽然挥扫不自知，风云入怀天借力。神龙战野昏雾腥，奇思摧山太阴黑。"（《草书歌》）诗人醉中提笔，双目灿然如电，天地因此狭窄，奋笔疾书之时，又仿佛大自然借力给他，那种淋漓酣畅，那种狂放奔越，大有"草圣"张旭之风。

如此看来，酒在某种程度上确实可以起到助文思、长灵感的作用。但是，如世上任何东西都不是万能的一样，酒自然也不是万能的，酒能伤神，亦能乱性，诗人要得力于酒，就应是酒的主人，而不是酒的奴仆。如嗜酒

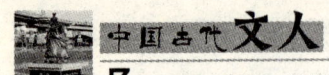

无度，不加节制，不仅对创作无益，还会导致料想不到的悲剧性后果。历代不乏纵酒身亡者，魏晋名士王忱就是因纵酒过度而身亡；清代戏剧家洪升也因在船中饮酒大醉，失足坠水而死。

中国古代文人与酒之关系，有鲜明的时代特点，时代带给他们的无论是活力还是压抑的痛苦，酒都是不可缺少的催化剂或缓解剂。没有催化，不足以成其狂放豪宕之气；没有缓解，内心的压抑痛苦就会将他们推向绝境，推向不堪忍受的死亡的边缘。酒的或催化或缓解的奇妙作用，调节了他们与时代与社会的弹性距离，也调节了他们自我心理的空间，使他们能够比较从容地走完自己的人生之旅。

第二节
古代文人的情感世界

妖姿艳丽，蓊若春华

魏晋南北朝时期，是中国历史上一个少有的思想开放、个性显发的时代。

嵇康的《难自然好学论》说："六经以抑引为主，人性以纵欲为欢。抑引则违其愿，纵欲则得自然。"显明地以"纵欲为欢"作为"人性"之本，作为自然而然的"性本"。这确实与陶渊明的"性本爱丘山"的"性本"大异其趣。建安时的曹植，在"戚戚少欢娱"中，作为王公贵戚，他不能走"意欲奋六翮，排雾陵紫虚"（《游仙诗》）的"隐"的道路，于是想要在亲情冷漠的残酷权力斗争中，从女性的柔情中取得宽慰：

有美一人，被服纤罗。

第六章 古代文人的生活百态

妖姿艳丽，蓊若春华。
红颜韦华烨，云髻嵯峨。
弹琴抚节，为我玄歌。

——曹植《闺情诗》

"妖姿艳丽"、"云髻嵯峨"的美人，为安慰诗人而抚节弹琴，浅斟低唱。这是一种温柔的体贴之"情"。这种温柔的体贴之"情"，是一种精神的享受。当人们的精神境界升华到一个较高层次时，就会淡漠对于感官享受的追求，而向往精神的愉悦。

阮籍也是这样，他曾自白道："遥顾望天津，骀荡乐我心"（《咏怀诗八十二首》其六十八）、"逍遥九曲间，徘徊欲何之？念我平居时，郁然思妖姬"（《咏怀诗八十二首》其六十四）。心乐骀荡、思念美人，正说明诗人既然不能在仕途上成就一番事业，也不愿意完全在"凉冷"乏"情"的"九曲间"逍遥一世，在寂寞的山水天地里了此一生。他还有那实在而又隐约的"思妖姬"的情感。

排除"情"性，以无"情"为特征的"隐"的生活，在不少魏晋南北朝时期的文人看来，虽然摆脱了现世的利害，摆脱了尘世的纷扰，但却不能切切实实、完完全全地让疲惫的心灵得到温暖、慰藉。

阮籍在"多虑令志散，寂寞使心忧"（《咏怀诗八十二首》其六十三）的深重苦愁中，想以饮酒、山水以及"郁然思妖姬"的"情"来共同化解它。谢安在"养志海滨，襟情超畅"中，却"不废妓乐"（《世说新语·赏誉》，刘孝标注引《续晋阳秋》）、"在东山蓄妓"（《世说新语·识鉴》）、"纵心事外，疏略常节，每蓄女妓，携持游肆也"（《世说新语·识鉴》刘孝标注引宋明帝《文章志》）。史料及注引的记载已经够说明问题了。鲍照在"孤兽啼夜侣，离鸿噪霜群"中，"叹慨诉同旅，美人无相闻"（《还都道中三首》），渴望"美人"之情。江淹"深信天竺缘果之文，偏好老庄清净之术"，他说"有耕织伏腊之资，则隐矣"，但他在这种"隐"中还需要有"侍姬三四，赵女数人"，只要有了这种"情"的条件，才能真正做到"逍遥经纪，弹琴咏诗"，从而"隐"得心安欲平。（均见江淹《自序》）

在上述事实中，有一共同的特点是，在一部分魏晋南北朝时期的文人从"仕"到"隐"的过程中，在逍遥遁世、摆脱仕途之后，他们希望隐逸到那具有"情"的"桃花源"中去。寂寞孤独的遁世生活，在魏晋南北朝时期的文人看来，实在太缺乏"情"了，它不能给文人们以心理和生理上完全和充分的慰藉。他们在隐逸山水田园的同时，也需要那种加了"情"的放逸生活。他们也喜爱那"猗靡情欢爱，千载不相忘，倾城迷下蔡，容好结中肠"（阮籍《咏怀诗八十二首》其二）的丽色美人；也想一逞"西游咸阳中，赵李相经过"（阮籍《咏怀诗八十二首》其五）的风流；也有"歌唱青齐女，弹筝燕赵人"（鲍照《代少年时至衰老行》）的歌女；还有"日落登燕台，佳人殊未来"（吴均《诗》）的惆怅。

上述这些似乎与放纵情欲、调笑舞女也没有什么区别。诚然，他们如果真的仅仅是这样，阮籍就不会成为思想家，诗人阮籍也只是一位狎邪无行的文人罢了；鲍照也难以成为与庾信齐名的大诗人，而只是一位拈花惹草的公子哥儿。其实，他们都是思想深沉、富于激情的文人。他们的激情，意味着个体生命所禀赋的、近乎本原的对于"情"的世界的固执，意味着对前人很少走过的、"情"的人生方式的尝试。他们要从先贤们那似真非真的雾茫茫、冷清清的隐逸世界中，找回那"声色胡越，人情自逼遒"（阮籍《咏怀诗八十二首》其七十七）的人性之本。

在愤激地否定或暂时地抛弃儒家济世的人生价值信念之后，在寂寞冰凉的山水逍遥生活之中，魏晋南北朝时期的文人们要确立自身真正需要的价值，必须提出这样一种新的"情"的人生方式，来填补因舍弃传统的"仕"和"隐"的人生道路之后留下的空白。

这也许就是他们探索"情"的人生价值信念的意义。

选择人生方式的意义并不仅仅在于确定了问题的解决，而在于凭借新的选择是否可以获得新的人生价值信念。前面我们谈到，魏晋南北朝时期的文人在仕途通达无望、忠君济世之性得不到显发，而传统的隐逸之路又太寂寞冰凉、"真"性并不够完美的境况下，在尝试一种新的人性根据和人生价值形态，这就是"情"的人生方式，这种"情"的人生方式，使魏晋南北朝时期的文人们获得了"情"的人生价值信念。

魏晋南北朝时期的文人非常崇尚纯净，《世说新评·言语》中记载说：

司马太傅斋中夜坐，于是天月明净，都无纤翳，太傅叹以为佳。谢景重在坐，答曰："意谓乃不如微云点缀。"太傅因戏谢曰："卿居心不净，乃复强欲滓秽太清邪？"

魏晋南北朝时期的文人为了逃避官场的混浊污秽，他们非常向往自然"太清"的"都无纤翳"，追求田园山水的纯粹洁净。因而司马太傅对着天月明净，大发感叹。然而，这种自然界天然性的纯洁，在有些魏晋南北朝时期的文人这里，还可以以女性的纯洁美来替代，并且在这其中还有男女爱恋的"情"和女性的风韵。这种纯洁的"情"，是不少魏晋南北朝设计器的文人为之渴望和追求的。它不但能与混浊污黑的仕途形成显明对照，也可以弥补文

第六章 古代文人的生活百态

人们在天然的山水田园间,向往纯净超脱而又要遭受寂寞凉冷的心理缺憾。鲍照在《拟行路难十八首》(其三)中说:

璇闺玉墀上椒阁,文窗绣户垂罗幕。
中有一人字金兰,被服纤罗采芳藿。
春燕参差风散梅,开帷对景弄春爵。
含歌揽涕恒抱愁,人生几时得为乐。
宁作野中之双凫,不愿云间之别鹤。

这位"被服纤罗采芳藿"的少妇,宁愿过纯洁贫寒的爱情生活,也不愿贪图富贵、空守闺房,宁作纯朴的"野中双凫",更不愿做孤单的"云间别鹤"。这种纯洁自然的爱情是文人追求向往的真正"情",因而,在魏晋南北朝时期的文人的心目中,女性的"情"和"爱",她们的美丽和明洁,是这么多姿多彩,富有纯净的天性和资质:

隔墙花半隐,犹见动花枝,
当由美人摘,讵此春风吹?
——刘孝威《望隔墙花》

江南二月春,东风转绿苹。
不知谁家子,看花桃李津。
白雪凝琼貌,明珠点绛唇。
行人咸息驾,争拟洛川神。
——江淹《咏美人春游》

诗以"花"衬托少女,人与花交相辉映,更显出少女的若隐若现、痴情单纯,以及她们"白雪凝琼貌"的无瑕气质。

他们还以具有幽雅超脱气质的净洁少女,来表现自己渴望纯洁爱情的心愿。《史传》记载过的阮籍哭纯洁未婚的兵家少女,上述的《咏美人春游》把那位"看花桃李津"的"谁家子"比作"洛川神",这位"洛川神""白雪凝琼貌,明珠点绛唇"真像庄子笔下"肤如凝脂"的仙子。她们都具有这种"纯"的情结。

同时,这种情也是文人们与女性之间柔情似水、温馨似春的情感交往和情爱缠绵,即那种缠绵亲密的男女爱情。

名士名妓两相将

自古以来,美人与两种人最相配:一是英雄,二是名士。英雄难觅,如项羽那样"力拔山兮气盖世"的英雄,更是千古罕见。名士却多如过江之鲫,例如在有些时期,会饮酒、会清谈、会读《离骚》,就可跻身名士之列。因此,历史上英雄与美人的故事屈指可数,名士与美人的艳事却层出不穷——石崇和绿珠、白居易和樊素小蛮、元稹和薛涛、苏东坡和王朝云、秦少游和长沙妓、周邦彦和李师师、冒襄和董小宛、钱谦益和柳如是……这是一个非常值得探究的社会现象:为什么与这些一流名士相配的居然是青楼名妓?不仅如此,千百年来,名士名妓的风流韵事流布于诗词、戏剧、小说及其他艺术作品中,蔚为中国文化史上的洋洋大观。

　　名士名妓两相得,是古典青楼文化最主要的特征。或者说,名士名妓是古典青楼文化的创造者与体现者。名士名妓的互相吸引和爱悦,是文化与女性美的邂逅和结合,从而孕育了爱情与璀璨的文学艺术之花。

　　中国古代的娼妓制度,给士大夫文人提供了欣赏和享受女性美的极大便利,随之,表现女性美也成为文学艺术家审美活动的一个"热点"。士大夫文人携妓遨游,青山绿水之间,点缀着窈窕佳人,真是一幅情趣盎然的绝妙图画。饮酒赋诗,有红巾翠袖侍立一旁,说不定真会文思泉涌。当然,不必指望文人"微闻香泽"之际会写出"出神入鬼,惊天动地"的鸿文。佳人在侧,文人写出来的多半是香艳侬软的绮语。

　　名士才子与青楼名妓的诗赋酬唱,是古典青楼文学繁盛的重要原因。士大夫文人与美人之间的文字往来,多了异性的美妙气息,还可以产生缠绵的爱情,这与文人之间的酬唱相比有迥然不同的趣味。在中国古代,名门闺秀擅诗赋者不乏其人,但碍于礼制,文人很难与她们诗笺传情。央红娘传书,曲折且难于尽情。踰墙幽会,披"色贼"之恶名,稍一不慎,还会折肱断股。而与青楼才妓诗赋酬唱,却不犯法,不违礼,还可借诗文以通殷勤之意。另一方面,青楼丽人并非笼中之鸟式的大家闺秀,她们的职责便是侍奉士大夫。在古代的女性中,只有她们几乎独占了与名士文人交往酬唱的便利。所以,名士名妓的会合,投赠酬唱,犹如风水相激,伴随性的愉悦而来的,必然是艳诗艳词的腾涌。

　　中国文学史上究竟出现过多少咏唱歌妓的作品?这绝对是个惊人的大数目。以南齐钱塘名娼苏小小为例即可看出,有关她的诗词、小说之多可以编成多卷的专集。唐代著名诗人白居易、刘禹锡、张祜、李贺、温庭筠,都曾吟唱苏小小的非常出色的诗篇。到宋明时,苏小小的真面目已经非常模糊了,名声却越来越大。在笔记和小说中,作家根据久远的传闻再加上艺术想象,于是苏小小的形象被仙化或鬼化,在文学的创造活动中,苏小小具有无限丰

第六章 古代文人的生活百态

富的美感特征：她有时哀伤，有时热烈，有时妩媚，有时冷艳，有时化作一缕香魂，有时成了莫测的神女……她出入三世，来往三界，完全超越了时空，像一首永远唱不完的美丽长诗，具有无限丰富的美感特征。无数有关苏小小的文学作品有力表明：美人是作家灵感的源泉之一，青楼名妓是文人最喜欢表现的题材之一。

换句话说，美人给了文人灵感，文人给了美人永恒。于是，历史上一流名妓的美色与才情，被一代又一代的文人描写和歌唱着。美人色、美人情、美人字、美人画、美人冢……无论是真实还是虚构，清晰还是朦胧，似是而非还是无中生有。总之，有关美人的一切，都会引起文人的激奋或伤怀。遍观中国古代文学中灿烂夺目的女性形象，青楼歌妓不在少数。时至今日，仍有好事者不断将她们搬上舞台和银幕，让众人倾之倒之。

 唐代文人的浪漫咏妓诗

翻开中国文学史，马上就会发现：歌唱和描写美人的篇章灿若繁星，而其中相当数量是为娼妓而写的。美妓，用她们的形体之美和才情之美，将文学艺术家俘虏了。于是，无数骚人墨客用细腻的诗笔，为青楼佳人传神写照。

唐朝是中国封建社会的鼎盛时期，它的博大气象，是那些小家子气的没落王朝无法比拟的。在开疆拓土、建功立业成为时代主旋律的同时，追求爱情、享受青春也似一股大潮，带着诱惑与放荡、欢乐和悲伤，席卷着广袤的大地。唐人气魄的宏伟，感情的热烈，情调的浪漫，甚至在狎妓这件事上也

《文会图》北宋赵佶绘

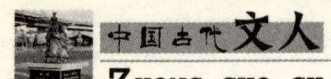

表现得同样充分。面对色艺俱佳的青楼美女，如果说南朝名士更多地表现为轻薄与色情，那么，唐代文人更多地表现为风流与追求。美妓开始成为名士的感情寄托，甚至成为名士竭力追求的爱情之源。从唐代开始，美妓作为审美对象，才真正完成了外在与内在、肉体和精神的统一：咏妓诗既礼赞美色，也歌唱爱情；既旖旎缠绵，也热情爽朗；既描绘美人的形态，也刻画她们的心灵，表现出与南朝咏妓诗极不相同的情调与气派。

初唐诗人卢照邻的《长安古意》，用一连串清辞丽句再现了当年长安城的繁华多姿以及娼家的风流冶荡：

> 片片行云著蝉翼，纤纤初月上鸦黄。
> 鸦黄粉白车中去，含娇含情情非一。
> 妖童宝马铁连钱，娼妇盘龙金屈膝……
> 挟弹飞鹰杜陵北，探丸借客渭桥西。
> 俱邀侠客芙蓉剑，共宿娼家桃李蹊。
> 娼家日暮紫罗裙，清歌一啭口氛氲。
> 北堂夜夜人如月，南陌朝朝骑似云。
> 南陌北堂连北里，五剧三条控三市。
> 弱柳青槐拂地垂，佳气红尘暗天起。
> 汉代金吾千骑来，翡翠屠苏鹦鹉杯。

罗襦宝带为君解，燕歌赵舞为君开……好一幅"太平盛世冶游图"！特别是诗中"得成比目何辞死，愿作鸳鸯不羡仙"二句，多么充分地写出了唐人追求爱情的浪漫情调！唐人也热衷羽化登仙，但他们更爱美女，更向往比目、鸳鸯似的爱情。南朝的名士可曾有过这般的热情与浪漫？

初唐另一位诗人刘希夷的《公子行》，也用悠扬的声调，唱着锦绣公子与青楼美女之间的缠绵爱情：

> 此日遨游邀美女，此时歌舞入娼家。
> 娼家美女郁金香，飞来飞去公子傍。
> 的的珠帘白日映，娥娥玉颜红粉妆。
> 花际徘回双蛱蝶，池边顾步两鸳鸯。
> 倾国倾城汉武帝，为云为雨楚襄王。
> 古来容光人所美，况复今日遥相见。
> 愿作轻罗著细腰，愿为明镜分娇面。
> 与君相向转相亲，与君双栖共一身。
> 愿作贞松千岁古，谁论芳槿一朝新。

第六章 古代文人的生活百态

百年同斜西山日，千秋万古北邙尘。锦绣公子和娼家美女，多像花际双蛱蝶，池边二鸳鸯。公子愿作轻罗系住美女的细腰，愿为明镜照见美女的娇面，愿爱情如贞松千岁，愿百年同归丘山。在六朝咏妓艳诗中，我们只看到名士对美妓轻薄的挑逗，而在《公子行》中，则看到了唐人对美女的激情和对爱情的热烈追求。

《长安古意》中说到的北里，实指平康里，坐落在长安城北门内，故名北里。它是娼妓聚居之处，时人称为"风流薮泽"，后遂用作青楼妓家的代名词。这里几乎天天演绎着爱情的悲喜剧，产生着诗与歌。

唐代大诗人中与青楼娼妓交往最密切者，莫过于李白、白居易、元稹、杜牧和温庭筠了。唐代数百年间的狎妓冶游的时代风气，在这几个文人身上体现得极其鲜明充分。

李白的诗是盛唐诗歌最伟大的代表。他的思想、性格和行为同样是盛唐人追求青春、自由、欢乐的典型代表。葡萄美酒，燕歌赵舞，吴姬越女，成了他生活的蜜液。他常常挟妓遨游，艳日下观红粉，花枝旁看舞袖，那浪漫的行为，一如他的诗，意气风发，热情洋溢，摆脱一切拘束。"葡萄酒，金叵罗，吴姬十五细马驮。青黛画眉红锦靴，道字不正娇唱歌。玳瑁筵中怀里醉，

电影拍摄基地妓院

芙蓉帐里奈君何。"（《对酒》）他不像后世某些文人，带着种种伦理道德的束缚走向歌台舞榭，他是彻底的尽兴与放开。要说狎妓时的李白脑筋中也存什么理念，那只有四个字：及时行乐。他携妓游梁孝王栖霞山孟氏桃园，感叹"梁王已去明月在"，不由生出"莫惜醉卧桃园来"的感慨（李白《携妓游梁王栖霞山孟氏桃园》）。他在邯郸南亭观妓时，一边欣赏着歌妓的红颜清曲，一边滋生了古人不可见的悲哀，于是说："我辈不作乐，但为后世悲。"（李白《邯郸南亭观妓》）由乐生悲，由悲转乐。及时行乐的人生观如同一颗种子，本来生命力就极强，如今落到了丰沃的土地上，受到时代雨露的滋润，便迅速发芽生长。

如果说李白是盛唐文人携妓遨游的代表，那么，白居易便是中唐文人风流自放的典型。白居易携妓遨游，以女乐自适的生活方式，在中国文人生活史上具有远比李白更重要的意义。李白纵情歌舞声色，大体可用"及时行乐"的人生观加以阐释。李白狎妓是那样的热情豪放，而白居易的享受女乐已失去初盛唐人追求青春、爱情与自由的情调，更多地表现为高贵、华丽和"闲适"。在白居易看来，女乐与诗酒、参禅一样，也有怡情适意的效用，甚至认为妓乐远胜于西方极乐世界。他在《与牛家妓乐雨夜合宴》诗里说："歌脸有情凝睇久，舞腰无力转裙迟。人间欢乐无过此，上界西方即不如。"中唐是中国封建社会由盛转衰的关键时期，白居易正是这个时期的典型人物。如果把初唐文人的狎妓之习比作热情的青年，那么，中唐以后它就像成熟的中年人。从白居易开始，妓乐在中国文人的生活和人生哲学里，不仅仅意味着性和情欲，而且有深厚的文化意蕴。偎红依翠，既是士大夫文人仕途得意之时的享受，也是经历仕宦风波之后的自放，或是处于仕隐矛盾之时的消遣。总之，妓乐可以满足肉欲，可以安顿情性，可以疗治心理的创伤。白居易有许多诗写歌舞声色之乐，充分表达了他对狎妓行为的"独有体会"，是历代风流文人中的一位大家，就好比禅宗的"一世达摩"，对于中国文人的生活方式和人生哲学有深远影响。

杜牧的狎妓冶游，在晚唐文人中当推第一。他那豪放浪漫的个性与李白相似，因此他的狎妓正如他的诗，表现出"豪纵"的特征，而与白居易的自放与闲适不同，他那首有名的绝句："落魄江湖载酒行，楚腰纤细掌中轻。十年一觉扬州梦，赢得青楼薄幸名。"（《自遣》）便能刻画他纵情青楼的豪纵。他的"赢得青楼薄幸名"，在中国文人生活史上留下了长久的影响。

图片授权
全景网
壹图网
中华图片库
林静文化摄影部

敬　启

本书图片的编选，参阅了一些网站和公共图库。由于联系方式有限，我们与部分入选图片的作者未能取得联系，谨致以深深的歉意。敬请图片原作者见到本书后，及时与我们联系，以便我们按国家有关规定支付稿酬并赠送样书。

联系邮箱：932389463@qq.com

参考书目

1. 环球人物杂志社．丰饶的苦难：中国古代文人传奇．北京：商务印书馆．2013
2. 何频．文人的闲话．北京：花城出版社．2013
3. 徐华铛．文人雅士．北京：中国林业出版社．2012
4. 王充闾．读文人．北京：中国青年出版社．2012
5. 邹士方．国学大师的文人情怀．浙江：浙江大学出版社．2012
6. 黄团元．文人有行．成都：四川人民出版社．2012
7. 王家声．文人的骨气和底气．北京：世界知识出版社．2011
8. 薛原．闲话文人．北京：金城出版社．2010
9. 江月卫．御用文人．北京：新世界出版社．2010
10. 李国文．天下文人．北京：中国文联出版公司．2009
11. 王洪江．文人那点子事儿．北京：群言出版社．2009
12. 陈雄．闲侃中国文人．北京：花城出版社．2007
13. 何满子．中古文人风采．北京：花城出版社．2007
14. 秦敏．古代文人故事．上海：学林出版社．2006
15. 李志慧．中国古代文人风尚：唐时文苑遗闻．西安：陕西人民出版社．2004

中国传统风俗文化丛书

一、古代人物系列（9本）
　　1. 中国古代乞丐
　　2. 中国古代道士
　　3. 中国古代名帝
　　4. 中国古代名将
　　5. 中国古代名相
　　6. 中国古代文人
　　7. 中国古代高僧
　　8. 中国古代太监
　　9. 中国古代侠士

二、古代民俗系列（8本）
　　1. 中国古代民俗
　　2. 中国古代玩具
　　3. 中国古代服饰
　　4. 中国古代丧葬
　　5. 中国古代节日
　　6. 中国古代面具
　　7. 中国古代祭祀
　　8. 中国古代剪纸

三、古代收藏系列（16本）
　　1. 中国古代金银器
　　2. 中国古代漆器
　　3. 中国古代藏书
　　4. 中国古代石雕
　　5. 中国古代雕刻
　　6. 中国古代书法
　　7. 中国古代木雕
　　8. 中国古代玉器
　　9. 中国古代青铜器
　　10. 中国古代瓷器
　　11. 中国古代钱币
　　12. 中国古代酒具
　　13. 中国古代家具
　　14. 中国古代陶器
　　15. 中国古代年画
　　16. 中国古代砖雕

四、古代建筑系列（12本）
　　1. 中国古代建筑
　　2. 中国古代城墙
　　3. 中国古代陵墓
　　4. 中国古代砖瓦
　　5. 中国古代桥梁
　　6. 中国古塔
　　7. 中国古镇
　　8. 中国古代楼阁
　　9. 中国古都
　　10. 中国古代长城
　　11. 中国古代宫殿
　　12. 中国古代寺庙

五、古代科学技术系列（14本）
1. 中国古代科技
2. 中国古代农业
3. 中国古代水利
4. 中国古代医学
5. 中国古代版画
6. 中国古代养殖
7. 中国古代船舶
8. 中国古代兵器
9. 中国古代纺织与印染
10. 中国古代农具
11. 中国古代园艺
12. 中国古代天文历法
13. 中国古代印刷
14. 中国古代地理

六、古代政治经济制度系列（13本）
1. 中国古代经济
2. 中国古代科举
3. 中国古代邮驿
4. 中国古代赋税
5. 中国古代关隘
6. 中国古代交通
7. 中国古代商号
8. 中国古代官制
9. 中国古代航海
10. 中国古代贸易
11. 中国古代军队
12. 中国古代法律
13. 中国古代战争

七、古代文化系列（17本）
1. 中国古代婚姻
2. 中国古代武术
3. 中国古代城市
4. 中国古代教育
5. 中国古代家训
6. 中国古代书院
7. 中国古代典籍
8. 中国古代石窟
9. 中国古代战场
10. 中国古代礼仪
11. 中国古村落
12. 中国古代体育
13. 中国古代姓氏
14. 中国古代文房四宝
15. 中国古代饮食
16. 中国古代娱乐
17. 中国古代兵书

八、古代艺术系列（11本）
1. 中国古代艺术
2. 中国古代戏曲
3. 中国古代绘画
4. 中国古代音乐
5. 中国古代文学
6. 中国古代乐器
7. 中国古代刺绣
8. 中国古代碑刻
9. 中国古代舞蹈
10. 中国古代篆刻
11. 中国古代杂技